JN044319

僕は一生をかけて「神」を見つけたのかもしれない

僕は
一生をかけて
「神」を見つけた
のかもしれない

保江邦夫

海鳴社

はじめに

この本は、僕の専門である素領域理論に基づいた「物理法則としての霊性」についての私見と、これまで僕が人生をかけてずっと追い求めてきた「宇宙の背後にある基本法則」を一般向けにわかりやすく解説した内容になっています。

素領域理論とは、物質の最小構成要素である素粒子が発生するための最小空間を扱う理論で、日本人初となるノーベル賞を受賞された理論物理学者の湯川秀樹博士が提唱されたものです。

僕はこの理論を、この世の物質次元だけでなく、「あの世」や「霊的世界」の解明にまで適用可能だと捉えていることから、湯川先生の素領域理論と区別する意味で「形而上学的素領域理論」と呼んでいます。

なので、宇宙の背後にあるこの基本法則を別の言葉で表現すれば、物理法則としての「神」の働きといってもよいと思います。

理論物理学者である僕が、なぜあえて「霊性」について語るのかというと、今、流行しているスピリチュアルな分野において、量子物理学を用いて説明する向きが多いものの、中にはかえって誤解を与えたり、誤用されているものも少なくないからです。

古典物理学では、あの世やスピリチュアルな出来事を矛盾なく説明することができないからというのがその理由でしょうが、かといって、いくら量子物理学を持ち出してみても、「なぜ素粒子ができるのか？」という前提となる理論（仮説）がなくては、あの世の解明や霊性の説明には至らないのです。

すべての物質を構成している素粒子は、素領域という最小空間があるからこそ存在でき、非物質である霊魂やあの世は、素領域と素領域の間（素領域の外側）に存在している、というのが形而上学的素領域理論の主な骨子です。

本書では、この形而上学的素領域理論に基づいて、できるだけわかりやすい言葉で霊性について解説するとともに、湯川秀樹先生をはじめとして、世界的な業績を誇る天才数学者・岡潔先生、さらにそのお二人に強い影響を与えた山本空外和尚らにも触れていきます。

とはいえ、一般向けの本ですから、数式や難解な専門用語は一切出てきませんので、どうぞご安心ください。

詳しくは本文で述べますが、空外和尚とは、広島での被曝体験によって世界的に高名な哲学者から浄土宗の僧侶へと転身した大思想家です。

空外和尚の偉大な業績について知るきっかけとなったのは、二〇一八年三月にお弟子さん達が主催された「山本空外上人展」（財団法人・東京大学佛教青年会）でした。僕はこの展示会を拝見し、湯川秀樹と岡潔という日本を代表する二人の学者を影から指導されていた山本空外上人の生き様に感銘すると同時に、僕の中でこの三人の天才たちの偉業が一本の糸で繋がっていったのです。

それを僕の言葉で表現するなら、「物理法則としての霊性」であり、「神の働き」です。

湯川先生が晩年に提唱された素領域理論を研究し始め、やっとこの僕もこの宇宙の背後にある調和の世界を垣間見ることができたわけですが、専門的なことに関しては、拙著『神の物理学——甦る素領域理論』（海鳴社）の中で述べているので、詳しくはそちらをご一読いただければ幸いです。

今ふり返ってみれば、僕は物理学者の視点から、ずっと「神の正体」を追い求めていたのかもしれません。そして今回、物理法則としての霊性について、僕なりの見解を思う存分述べさせていただきたいと思います。

本書をお読みいただければ、きっと皆さまにも「神の正体」が垣間見えてくることでしょう。

令和二年二月吉日

保江　邦夫

目次

パートⅣ　みごとに霊性を開花させていた先達たち……………………82

パートI　湯川秀樹博士の「素領域理論」は「あの世」にまで適用できる

「宇宙の背後にある基本法則」を知るために

宇宙の背後にある基本法則——それを知りたいと思うのは、僕のような理論物理学者に限らずとも、生きる意味を問うすべての日本人に共通した知的好奇心かもしれません。

本書では、宇宙の背後にある法則とそこから導かれる霊性をテーマに、僕なりに紐解いていきたいと思います。

まず、すべての物質や生命は、分子、原子、素粒子からできているということは、皆さんご存知かと思います。

そこで、物理学以外の分野やスピリチュアルなことに関心のある人たちの間でも、最近よく話題にのぼるようになった「量子」について、はじめに確認しておきましょう。

量子とは何かというと――。

量子とは、大自然の秩序としての「確率法則に従う最小物質」であり、エネルギーです。

つまり、物質の最小構成要素であるすべての素粒子のことで、電子や光子も量子です。

確率法則というのは、ミクロの世界からマクロの世界まで支配している平均的な動き（確率論）のことで、すべての量子（素粒子）は、この確率法則に従って空間を伝わっていきます。

そして、現代物理学の基礎を築いたアインシュタインと、量子力学の基礎を築いたド・ブロイによって示されたように、自然界に存在する物質やエネルギーは、すべてこの「量子」と「場」に集約されます。

場というのは、時空の各点に関連する物理量のことです。

つまり、光は電磁場の量子（光子）であり、電子は電子場の量子であって、それぞれの量子を規定する場があることから、これを「場の量子論」と呼びます。

ですが、これを数学的にきちんと計算すると、確率が負になったり電子の質量（重さ）が無限大になったりする問題が生じてしまうため、実際には実験値とすり替えなくてはいけないというのが現代物理学の約束事になっています。

今話題になっている、最新のゲージ場理論や超弦理論も「場の量子論」に属しますが、つまるところ、「場の量子論」は実験値に基づく限り有効ではあるものの、ミクロな世界の探究には終わりはなく、数学的に量子の位置や質量を求めるには（量子を「点」で捉えるかぎり）、玉ねぎの芯を探して一つひとつ皮をむいていく作業のように無限に続くことになるのです。

プランクの長さ（1.62 × 10^{-35} m）までいくと、無限大の問題をよりミクロな世界に先送りにしてきた「くりこみ理論」（朝永振一郎博士が提唱）もついに行き止まりになって、結局お手上げ状態になります。

この「場の量子論」に改良を重ねたのが、湯川秀樹博士の愛弟子であった坂田昌一博士であり、同じく梅沢博臣博士、高橋康博士らの「場の量子論」の大家たちです。

一方、湯川博士自身はというと、「場の量子論」の背後に隠された大自然の秩序そのものを捉えようとし、中間子を予言した（一九三五年前後）後も、たった一人で我が道を突き進んだ結果、辿り着いたのが素領域理論でした。

量子とは何か、場とは何か、空間とは、時間とは、等々最も基本的な問いにまるごと答えようとする湯川先生ならではの叡知の結晶――すなわち、空間的拡がり（領域）のない「点粒子」を中心に展開してきたこれまでの物理学に、空間を分割した最小単位である「素領域」という新たな概念を持ち込み、そこから物理学を組み替えたのが素領域理論なのです。

素粒子は素領域という最小空間の間を飛び交っている

従来の物理学では、「空間」とは、何もないただの真空の入れ物だとされていました。しかし、湯川先生は、そうではなく、「空間には微細な構造がある」と捉えたのです。

十九世紀には、数学者のベルンハルト・リーマンが、空間は微細な領域においては離散構造になっている可能性について示唆しましたが、湯川先生は一九六〇年代に入ってさらにその考えを発展させる形で、空間の離散構造を「素領域」という泡のようなツブツブで表わし、その泡と泡の間を量子が飛び交っている、としたのです。

そして、その泡のような素領域にはさまざまな形状があって、素領域の形状の違いによって素粒子の種類が規定されることや、それぞれの素領域は動的変化を起こしていることも示唆されました。

ようするに、物質の最小構成要素である素粒子の入れ物としての最小空間が素領域であり、素領域は動的な構造をもっていて、各々の素領域の間を素粒子同士が絶え間なく入れ替わり、重なり合っているということです。

素領域理論に基づくと、量子は点ではなく、素領域に存在するエネルギーそのものであり、そのエネルギーは近傍にある同種類の他の素領域へと飛び移る、つまりそこで量子（エネルギー）が空間の中を移動する、それが量子の運動として観測されるわけです。

つまり、素領域とは、素粒子の入れ物となる見えない「ひな型」のようなものであり、そのひな型にあった素粒子（エネルギー）がその中に集まるということです。

素粒子の入れ物である素領域をイメージ的に表現するなら、ジョッキに注がれたビールの泡のようなものです。ビールの液体の中にある小さなツブツブの泡、一つひとつの最小空間が素領域です。

このような最小空間である素領域について、まったく知るよしもない現代物理学の範囲では、素領域（泡）から素領域（泡）へとエネルギーが飛び移っていく量子の運動について、「偶然に支配されている」と捉えるしかないわけですが、しかしその背後には、確率をとおしてしか規定することができない大自然の秩序（確率法則）が明らかに存在しているのです。

ところが、今の物理学は未だに空間の超微細構造を無視して、点粒子の解明に明け暮れているのが現状です。

ちなみに、ホーキング博士は、晩年「泡宇宙」論を提唱しましたが、基本的にこれは湯川先生の素領域理論と同じ考え方です。にもかかわらず、物理学の世界では、なぜか素領域理論は注目されないままだったのです。

また、ひと頃話題になった「超弦理論」（物質の基本単位を一次元の弦と捉える仮説）にしても、あくまで素粒子に関する運動法則であって、超微細構造としての空間を想定したものではありません。

ようするに、統一理論としても有効な、湯川先生の素領域理論のような仮説は、世界の物理学界を見渡してもどこにも提唱されておらず、未だに埋もれたままなのです。

完全調和の世界の自発的対称性の破れによって生まれた多次元世界

湯川先生の素領域理論について、僕が形而上学的な観点から再び論じるようになったのは、今から五、六年前のことです。

そのきっかけとなったのは、知人の脳外科の医師から、京都大学の近くで生命科学の学会が開かれるので、その学会で基調講演をやってほしいと頼まれたことです。そのとき、僕は前述の梅沢博臣先生の量子脳理論をテーマに講演を引き受けることにしました。

講演の当日、京大の近くを車で通りかかったので、「そういえば湯川先生がお好きだったうどん屋さん、今もあるのかな？」と思って、その場所に行ってみたのですが、そのときにふっと素領域理論を想い出し、「素領域構造に基づいて生命の根源について論じるとおもしろいかもしれない」と思いついたのです。

会場に着くと、すぐに主催者に「講演のテーマを変えてもよいですか?」と打診し、OKが出たので、素領域構造を前提とした上で、生命現象や霊魂の仕組みについて思いつくまま論じたところ、誰もが驚きの表情をしながらも納得してくれたようでした。

もちろん、生命科学の学会なので、素領域理論が物理学の学会の中でどんなに隅に追いやられているかはご存知ありません。

かえってそれが効を奏したのか、先入観なしに生命科学者たちが素領域構造のことを理解してくださったおかげで、それまでは形而下学の領域に限定されていた素領域理論を、生命や霊魂といった形而上学の領域にまで適用しながら議論ができる——そのとき、僕はそう確信したのです。

それ以降、「あの湯川博士が形而上学の話までしていたのか!?」との誤解を避けるために、あえて僕なりに「形而上学的素領域理論」と名づけた次第です。

ふり返れば、僕が量子についての確率法則を導いて素領域理論に関する論文を仕上げた際、湯川先生は僕が外国にいる間に病で他界されたことから、残念ながら直接に完成した理論をご説明することはできませんでした。

しかし、人づてに聞いた話では、湯川先生は僕の論文に何度も目を通してくださっていたそうです。もしかしたら、ご自身の素領域理論が当時の物理学会から完全に黙殺されてしまったことで、いつかはこの理論に開眼する奇才の物理学者が現われることを願っておられたのかもしれません。

だとしたら、湯川先生を心の師として生きてきた僕としては、何としても形而上学的素領域理論を世に出すことによって、湯川先生の恩に報いるしかないのです。

というわけで、形而上学的素領域理論の正しさを証明する上で、とても有効なサンプルをご紹介したいと思います。それは、僕がたびたび取り上げさせていただいている、三度死亡体験をされた彗星探索家の木内鶴彦さんの事例です。

詳しくは、木内さんとの対談本『あの世飛行士 未来への心躍るデスサーフィン』『死んでる場合じゃないよ あの世飛行士［予約フライト篇］』（ヒカルランド）をお読みいただければ幸いですが、木内さんによると、病が原因で肉体を離れて「膨大な意識」の中に溶け込んで、宇宙の開闢前（ビッグバン以前）まで行き、そこで膨大な意識があえて歪みをつくってこの宇宙が誕生した様子をつぶさに見てきたそうです。

木内さんの証言によると、膨大な意識の世界（＝完全調和の世界）はまったく変化がないため、あえて歪みをつくることによって動きをもたらし、それがビッグバン以降の宇宙誕生に繋がった、というのです。

この木内さんの時空を超えた死亡体験は、まさに完全調和の世界が自発的対称性の破れによって素領域を発生させたという素領域理論を裏づけるものです。

木内さんは、死亡時に肉体を離脱して完全調和の世界の側に入ったために、時空を超えて過去や未来にまで行くことができたと考えられます。

また、僕自身もこれまで奇跡的な出来事をたくさん体験しており、そうした不思議な現象も形而上学的素領域理論に基づけばまったく矛盾なく説明がつくし、同様に「透視」「霊視」「瞬間移動」「遠隔治療」「次元転移」といったスピリチュアルな分野で語られてきた事柄についても整合性を持って説明ができることから、拙著の中でも形而上学的素領域理論について度々ご紹介してきた次第です（ちなみに、僕の半生については海鳴社刊の拙著『路傍の奇跡』に詳しく述べています）。

なお、素領域理論について詳しくお知りになりたい方は、海鳴社刊『神の物理学』『1リットルの量子論』他をご参照いただくとして、次にもう少し噛み砕いて説明していきましょう。

完全調和の世界からできた泡のような素領域は物質を創り出すひな型

すべての物質の最小構成要素が素粒子。そのひな型となる素領域とは、ジョッキに注がれたビールの泡のようなものと述べました。

では、ビールの液体部分は何かというと、素領域（泡）ができる前、つまり全体が分化する前の「完全調和の世界」（木内さんの言葉では「膨大な意識」）です。

言い換えれば、初めに完全調和の世界があって、仮にこれを「神の世界」とします。この完全調和（神）の世界が「自発的対称性の破れ」によって、さまざまな次元の広がりを持つ泡のような無数の素領域（三次元の泡、二次元の面や一次元の紐など）ができたのです。


対称性というのは、完全な調和（シンメトリー・不変性）のことですが、「対称性の自発的な破れ」の原理を素粒子物理学に導入したのは、南部陽一郎博士です。

これは、自然界ではいつでも対称な状態が実現されるわけではなく、非対称な状態のほうがエネルギーが低くなる場合には、対称性が自然に壊れて変化が生まれるという考えです。

つまり、完全な対称性（不変性）を持つ完全調和の世界が分散して、エネルギーが低下したことによって無数の泡のような素領域が発生したわけです。

自発的対称性の破れが起きると、次にそれを補うように、新たな調和を生み出す働きが起こり、それを南部・ゴールドストーンボソンと呼びます。

この完全調和が壊れた素領域には様々な次元の広がりと大きさがあり、確率的に最も数の多いのが三次元の素領域となります。そして、最も多い三次元の素領域全体だけで構成される世界が私たちのいる三次元世界、すなわち「この世」です。

それよりずっと少なく、高次元の広がりを持つ素領域で構成される世界が高次元世界と呼ばれる世界。この高次元世界は、構成する素領域の広がりが持つ次元によって、四次元、五次元、六次元……というように各々の次元を構成しています。

言い換えると、すべての次元（泡＝素領域）、すべての存在（量子＝エネルギー）、そしてすべての人間は、完全調和の世界から分化した「神さまの分霊《わけみたま》」であり、いかなる素領域も完全調和の世界（神さま）の中に包み込まれているのです。

それゆえ、私たちのいる三次元世界も完全調和の世界と重なりあっていて、三次元の素領域と素領域の間だけでなく、素領域の外の完全調和の世界を媒介として他の次元の素領域との間においてもエネルギーが飛び交っているのです。

ところが、従来の物理学においては、空間という「泡の中」しか見ていません。したがって、研究対象はあくまで素粒子であり、新しい点粒子を見つけるのにさまざまな検出器を用いて間接的に見る方法を駆使しながらミクロの世界に近づいていくしかないのです。

これはある意味、目に見える現象だけを追い求める「現象物理学」と呼べるでしょう。

一般的な風潮として、「目に見えるものだけがすべてである」といった唯物論的な考えに支配されやすいのは、大半の人が、この現象物理学上の発見だけが真理だと勘違いしているからです。

それに対して、形而上学的素領域理論は、物質やエネルギーの背後にある目には見えない素領域（ひな型）と素領域の外（完全調和の世界）との関係（相互作用）に着眼しており、そこには大自然を秩序立てている働きがあることがうかがえます。

そして、私たちの三次元の素領域も、他の次元の素領域や完全調和の世界からの影響を受けていることから、「意識」「あの世」「霊魂（霊体）」「テレパシー」といった形而上学的な事柄についても矛盾なく説明ができます。

完全調和の世界と響きあったときに奇跡が起きる!!

このように、形而上学的素領域理論は、点の観点から現象を追い求める現象物理学に対して、現象の背後にある根本原理を想定している点で「潜象物理学」と呼べるでしょう。

これを人間に当てはめると、三次元の素領域の中に存在する素粒子集合体である肉体と、完全調和な部分で構成されている霊体（スピリット）の二つを重ね合わせたものが私たちで、主体はあくまで完全調和の側にある霊体ということになります。

宇宙の森羅万象を生みだし、かつ内包している完全調和の世界は、一般には「絶対空間」「太極」「一元世界（ワンネス）」「虚空」「サムシンググレート」などとも呼ばれますが、僕はわかりやすく「神さま」と呼んでいます。

つまり、神さまから分かれた素領域を全部集めたものが私たちのいる空間で、私たちはみんな神さまの一部であり、神さまは私たちのすぐそばにいる。そして同時に、その同じ空間内に他の次元の素領域も存在していて、素領域と素領域の間で常にエネルギーのやりとりをしているのです。

聖書に「神は霊である」「体は聖霊の宿る神殿」「受肉」などとあるように、神さまから分かれた霊魂が肉体に宿っているのが私たちです。

私たちは肉体を脱ぐと、意識はそのまま高次元世界（霊界）にシフトします。正確には、もともと意識は三次元世界と同時に高次元世界にも存在しているわけですが、ふだんは肉体に引っ張られて意識が三次元に向いているのです。

そこで、ひらめき（直感）、天啓、インスピレーションを得たり、無条件の愛や無私の祈りなどによって完全調和の世界と響きあったときには、超能力や奇跡的治癒、あるいは瞬間移動や次元転移などが起きやすくなって、三次元世界の物理（運動）法則を越えた現象が生じる——それが奇跡と呼ばれる現象です。

このように、形而上学的素領域理論では、目に見える現象だけでなく、異次元や完全調和の世界を範疇に含むため、残念ながら実証実験による直接的な証明はできません。

とはいえ、スプーン曲げから始まって念力や気功の効果、遠隔ヒーリング、祈りの効果、奇跡的治癒、心霊治療、霊的な物質化現象、天使や精霊の目撃例、チャネリング、UFOの反重力的な動き、異星人との接触、テレポーテーション等々、従来の物理学の常識では考えられない現象は、インチキを除いても現に度々起きており、これらは形而上学的素領域理論でしか説明のつかない現象です。

死んだはずの元カレが、新しい彼氏との間を邪魔しに肉体を持って出現した!!

そこで、つい最近、僕がある人物から聞いた形而上学的素領域理論を裏づける事例について紹介しましょう。

その人物は、「こんな話をしたら社会で生きていけなくなるから」と、強く匿名を希望されているので、仮に田中さんとしておきます。田中さんは団塊の世代の男性で、話は彼の若い頃、学生運動華やかかりし時代に起きた衝撃的な出来事です。

あらかじめお断りしておきますが、現在の田中さんは非常に実績のある会社の社長さんで、とても理知的なタイプ。もちろん、作り話をするような人でもオカルトマニアでもありません。

当時、田中さんは、美樹（仮名）さんという女性とおつきあいしていました。その美樹さんには、田中さんとつきあう前に交際していた哲男（仮名）君という男性（元カレ）がいたのですが、彼は交通事故に遭って亡くなっていました。

それは、美樹さんが田中さんと出会う一年ほど前の出来事です。田中さんが美樹さんと出会って、田中さんからの猛烈なアタックによって二人がつきあうようになったわけですが、やがて田中さんは美樹さんに肉体関係を求めるようになります。

衝撃的な出来事に遭遇したのは、ちょうどその頃です。なんと、一年前に死んだはずの元カレの哲男君が、突如二人の前に現われて邪魔をしてきたというのです。

つまり、哲男君は自分の彼女だった美樹さんと田中さんが肉体関係になるのを何とか阻止しようと、再び身体を持ってこの世に現われたのです。

二人は、死んだはずの哲男君が肉体を持って二人の前に突如出現したことにビックリ仰天!!

しかも、幽霊のようなボーッとした姿ではなく、どう見てもごく普通の姿。美樹さん自身も、生きていたときの哲男君と何ら変わりがないと、ただ驚くばかり……。

しかも、哲男君は度々現われて、美樹さんがいないときでも田中さんの前に出てくるようになります。

田中さんは、美樹さんとの仲を邪魔されることへの怒りの感情よりも、哲男君に対する関心が上回り、あるとき、「どうしてそんなことができたのか?」と直接彼に聞いてみました。

すると、哲男君は、次のような経緯について詳しく話してくれたそうです。

自分で自分の身体を再生した哲男君による証言

・自分が死んでから、美樹さんのことが気になって、ずっと彼女の傍で漂っていた。

・一年後に、田中さんという新しい彼氏ができたので、まずどんな人物かを探るために、田中さんの身体の中に入ってリサーチしてみた。

・すると、田中さんは、美樹さんに対する下心があって、下品なことばかり考えていた。なので、「このままではマズい。何とかしないといけない」と思ったものの、田中さんの身体の中に長時間入っていることはできないことがわかったので、田中さんの身体から出て、今度は美樹さんの身体に入ることにした。

・美樹さんの身体には何とか適応できたものの、彼女の身体をコントロールすることはできなかった。「これじゃあ仕方ない」と美樹さんの身体から出たものの、物理的な身体がないと直接邪魔ができないので、今度は犬やネコなどいろんなものに入って二人の仲を裂こうと試みた。

・ところが、犬やネコの身体には入れずに、虫や蚊、ハエ、ゴキブリ、また石やシリコン（珪素）などには簡単に入ることができた。しかも、蚊は一匹二匹の単位ではなく、数十匹の単位でまたがって入れた。そこで、蚊に入って二人の邪魔をしようとしたのだが、田中さんに叩かれたので、それはかなわなかった（ただし、人間の霊魂が入っている蚊は人を刺すことはない）。

＊この話を聞いたとき、『四谷怪談』などで幽霊が出る前には、蚊がたくさん飛んでくるというくだりがあるのを想い出し、「なるほど！」と納得しました（筆者）。

・最終的に、自分が生きていたときのように、もう一度身体を持って二人の前に現われるしかないと思い、死ぬほどの念を使い、死ぬほどの努力をして、自分の身体のひな型をつくった。

・一度、身体のひな型ができると、後は、空気中にあるガラクタが勝手に集まってきて、ひな型どおりの身体ができあがった。

以上が、哲男君が田中さんに語った内容です。

元カレによる肉体の再生は、形而上学的素領域理論の正当性を裏づける

田中さんによると、再び受肉した哲男君と会話を続けているうちに、最後には友達になって、美樹さんらと一緒に写真も撮ったそうです。

田中さんが、哲男君と美樹さんの二人のツーショット写真を撮ってあげて、現像した写真を見てみたら、なんと、美樹さんの肩越しに回した哲男君の手の一部が骸骨のままだったそう。

そこで田中さんが、「お前、まだ腕が骸骨のままだぞ」と言ったら、「あぁ、そうだ！　まだ努力が足りなかった」と哲男君。

それから二年ほどが過ぎて、田中さんは美樹さんと別れ、それ以来、哲男君は二度と現われなくなったそうです。田中さんによると哲男君と一緒に撮った写真はどこかにあるはずなのに、どこを探しても見つからず、「もしかしたら哲男君が持って行ったのかもしれない」と言っていました。

僕は、この田中さんの体験談を聞いて、哲男君の話はみごとに素領域理論に合致していることに驚きを覚えました。

交通事故で思いがけず霊魂になってしまった哲男君が、美樹さんへの募る思いと田中さんとの

関係を何とか阻止したいという思い、それがとても強い念となって、自分の身体のひな型を再び作り出すことに成功した。しかも、その方法は誰かに教わったわけでもなく、哲男君の必死の努力の賜ものだったのです。

これは、素領域というひな型に、物質や生命の元となる素粒子が集まってきて、自動的にひな型どおりのもの（この場合は哲男君の身体）ができるという、素領域理論の正当性を裏づけるものです。

田中さんからこの話を聞いたのは、ちょうど本書の執筆に入る直前でした。なので、「その話は、僕がかねがね主張している、人間の霊魂が形而上学的素領域理論に基づいて受肉するプロセスそのもので、あなたがそれを証明してくれた!!」と興奮ぎみに伝えたところ、田中さんはポカーンとした表情をしていました。

物には霊が宿るがゆえに、どんな霊性を宿すかが大事

人の思いや想念が完全調和の世界を動かして、新たなひな型（原型）を描き出し、そこに必要な素粒子が入ってひな型どおりの物質や生命が形づくられる——これが形而上学的素領域理論に

おける物質や生命が生じたプロセスの主たる骨子です。

死んだはずの哲男君が、自分で自分の身体をほぼ完全に再生できたのは、霊魂になってからの哲男君の思いの念が強かったから。言い換えれば、彼の純粋な気持、愛のエネルギーが完全調和の世界と響きあって、奇跡を起こしたのです。

実際、天使や精霊といったあの世の存在が、人間の姿形をとって助けにきたという奇跡体験は世界各地で報告されていて、日本でも同様な体験をしている人は決して少なくないようです。

その一例をあげると、二〇〇五年ＪＲ宝塚線（福知山線）の脱線事故が起きた日に、当時の女子高校生がこんな不思議な体験をしたことを吐露しています。

彼女は、いつものように、事故が起きた駅の一つ手前の駅のホームで友達と一緒に電車を待っていました。電車が来たので、友達に続いて一緒に乗り込もうとしたら、その瞬間、誰かに後ろから自分の服の襟そでを強く引っ張られた。

「なにするの?」と思ってふり返ったら、そこにいたのは見ず知らずのおばあさんだった。ものすごい力で引っ張られたので、その電車には乗れずに、先に電車に乗った友達を見送るしかなかった。

「あぁ、遅刻するー!」と思い、そのおばあさんに文句を言おうとしてすぐに後ろをふり向いたら、もうそこにはおばあさんの姿はなかった。

それから間もなく、「尼崎駅で事故が発生しました」というアナウンスを聞いた女子高生。そこで彼女は、「あのおばあさんは、自分を守るために現われてくれた天使だったのかもしれない」と思ったそうで、この出来事は当時テレビのニュースでも報道され、大いに話題になりました。

権現様や天使といった存在は、完全調和の世界の側にいる存在です。なので、哲男君のように人間のひな型を作ることができれば、一時的に身体を物質化することも可能です。

女子高生を事故から守ったおばあさんも、おそらくそのような霊的存在だったのでしょう。

ＡＩの暴走化を防ぐには、完全調和と響きあう霊性への転換が必要

完全調和の世界＝神さまは何でも自由自在に創り出せるのに対して、単体の霊魂だと、哲男君のように必死の思い、よほど念や愛の力が強くないと物質化はできないようです。

ですが、哲男君も述べていたように、比較的、珪素（シリコン）などは霊が入りやすいようです。

シリコンは半導体などにも使用されているので、今後ＡＩ（人工知能）がどんどん進んでいくと、シリコンチップに霊的な存在が簡単に入り込んで、映画の『ターミネーター』のような

社会が実際に到来する可能性もあるかもしれません。

そうなると、膨大なデータの統計学的な処理をスピーディに行っているAIに、何らかの霊的存在が入り込んで、人智の及ばない自由意志を持ったAIが出てくることも予想されます。そこで問題は、コンピューターのシリコンチップなどにどのような霊が介入するかです。

完全調和の世界に近い霊的存在であれば、人類の発展や地球の進化にも寄与するでしょうが、低級な霊だと執着と混乱を招くのは必至で、今のままだとAIが搭載されたロボットなども「役に立たない人間は完全消去すべし！」などとなりかねません。

ちなみに、古代エジプトのピラミッドの頂上には、「キャップストーン」と呼ばれる特殊な石板（金やその他の貴金属で覆われ、太陽の光を反射する石）が埋め込まれていて、これはアトランティス時代の叡知を記録する装置だと考えられています。

昔の人は、ある種の鉱物に霊的エネルギーが宿ることを知っていたのです。

また、かつての日本人にとっては「物」と「者」は区別がなかったことから、物にも霊が宿ることをよく知っていて、邪気《もののけ》が入らないための工夫をしていたようです。

現に、昔の日本の職人や商人は、物に魂を込めることを忘れず、「これでみんなが幸せになれるように」との祈りを込めていました。

いずれにしても、いくら電子制御の自動運転車を増やしたり、最先端のスーパーコンピューターを駆使しても、いかにそこに霊性を吹き込むかが重要で、最先端機器に愛や無私の祈りが入ってこそ、まさに魂の宿る、真に価値あるものとなるのではないでしょうか。

そうであるならば、産業やビジネスの分野においても、今のような無秩序に向かうベクトルから完全調和と響きあうベクトルへの転換、すなわち内なる秩序の発現が急がれ、ＡＩの暴走化をくい止める有効な手段はそれしかないのかもしれません。

パートⅡ　すべての人に備わっている霊性と「間《ま》」の関係

愛が神さまを味方につけて奇跡を起こす

パートⅠでは、

①完全調和の世界と響きあうことによって、新たな素領域（ひな型）が生まれ、

②それに見合った素粒子（物質の素材）が集まり、

③ひな型どおりの物質や事象が生じる。

という見えない世界の物理法則について述べました。

そこでこのパートでは、私たちの人生や社会の中で「物理法則としての霊性」を活かすにはどうすればいいか、という点について述べてみたいと思います。

まず、形而上学的素領域理論における霊性とは、私たちの本質である完全調和の世界の側にある霊的性質、つまり「霊魂の働き」そのものであり、それがこの世の側から見た霊感や霊性にあ

たります。

つまり、素領域によって集められた素粒子でできている身体（肉体）が感じることができるのは、視覚、聴覚、触覚、味覚、嗅覚などの五感。これは、物質的な刺激に対する生物学的なセンサーです。

その五感に対して、素領域と素領域の間（外側）、すなわち完全調和の世界からの働きかけを感受する非物質的なセンサーが、霊感です。ようするに、霊的な作用によって身体の素領域が影響を受けて、身体を構成する素粒子の組み合わせが変わる、その非物質的な働きのことを「霊性」「スピリチュアリティ」と呼んでいるのです。

例えば、「何となくそんな予感がしていた」「虫の知らせがあった」「ふとした瞬間にすごいアイデアが浮かんだ」「写真を撮ったらオーブが写っていた」「精霊や天使の声が聞こえた」等々といった現象が起きるのも、あの世の側からの働きかけが肉体の素領域にも影響（五感）を与えるからです。

当然、その微細な変化は脳にもキャッチされますが、そもそも五感よりもさらに深いレベルのセンサー、すなわち霊感があるからこそ、そのような反応が起きるのです。

非物質的なセンサーである霊感や霊性は、超能力や霊能力といった特殊能力があるなしとは関係なく、完全調和の側にある霊的性質そのものなので、本来、誰にも備わっています。そして、これがスピリチュアルな分野で「オーラ」や「エネルギーフィールド」、「生命場」などと呼ばれているものなのです。

ようするに、素領域の外側からの働きかけに対する感受性が霊感や霊性であり、わかりやすく言い換えれば、神さまと響きあうセンサーが霊性、略して「神さまセンサー」と呼んでもよいかもしれません。

このように、素粒子の入れ物である素領域という見えない微細構造があることを前提として、はじめて霊感や霊性が説明できるわけで、従来のようにいくら素粒子（物質）レベルで霊性や霊的現象を捉えようとしてもしょせん無理なのです。

したがって、予測不能な現象や形而上学的な事象を解明するには、これまでの心理学や脳科学、生物学的なアプローチでは限界があります。

霊感や霊性、超能力といった従来の科学では解明できない形而上学にも適用しうる物理学的な基本法則（第一原理）としての、形而上学的素領域理論が求められるゆえんです。

霊性の中で、最もパワフルなものが「愛」です。

「愛」という漢字（字源）は、「心」+「夊」（足）+「旡」から成り立っていて、これは物を作ったり、ものごとをめでたり、相手に物を手渡すときに心を込めるという意味があります。

つまり、心を介して受け渡すのが「愛」、それに対して、心を介さずにただ受け渡すことは「受ける」（心が入っていない）。このように、昔の日本人は心の働きがとても大切であることをよく認識していたのです。

心の働きの中で、最も完全調和の世界と響きあうのが「無私の愛」や「祈り」です。

相手の幸せや成長を願う我欲を超えた無条件の愛こそが、神さまの力を引き寄せて、新たな素領域（ひな型）を生み出す霊的な力。その愛の力で素領域が変化して素粒子の組成が変わり、その結果、信じられないような現象が引き起こされる、というわけです。

パートⅠでご紹介した、自分の身体を物質化した哲男君の例も、愛がもたらした奇跡現象の一つです。

古今東西、いかなる宗教であっても、愛や慈悲が最大の徳目であるのは、純粋な愛こそが天を見方につけて人を幸せにすることを誰もが経験的に知っていたからでしょう。

愛にはいかなる障害をも乗り超える力がある。

ところが、後世、愛や霊性といった形而上学的な徳目が宗教の範疇で扱われ、さらにそれが政治的に利用されるようになっていったことで本来の意味が損なわれたり、また近代以降、宗教は「弱い人間がすがるもの」「非科学的」などと退けられてしまったこともあって、愛や霊性の大切さが長い間見過ごされてきました。

ですから、ようやく、宗教的な文脈ではなくて、誰もが納得できる科学的な観点に立って、物理法則としての霊性について論じる時代がやってきたのだと思います。

神さまセンサーを発動させれば誰でも奇跡を起こせる！

僕は、現代人が本当の愛の大切さや素晴しさを知り、各自が霊性を開花させていくためにも、形而上学的素領域理論が役立つと確信しています。

今はスピリチュアル・ブームの影響もあって、自分の願いをかなえたり引き寄せを起こすためのハウツウ本がたくさん出回っていますが、そこには「なぜそれが起きるのか？」「どうすれば自分だけでなく、皆が幸せになれるのか？」といった基本原理が見受けられません。

それでは、点としての素粒子だけを追い求めるこれまでの唯物論的な物理学と大差ないのではないでしょうか。

なぜなら、素粒子の入れものである素領域、そして素領域と素領域の間にある完全調和の世界としての神さまの存在を前提にしないと、奇跡が起きるメカニズムもわからず、単に自己満足に終わってしまって、愛と調和に満ちた社会の青写真も明確に描けないからです。

この世に愛と調和の世界を具現化するには、物理法則としての霊性を知り、一人ひとりがその内なる神さまセンサーを大いに発動させるしかありません。だからこそ、今、その基本原理としての形而上学的素領域理論が求められている、少なくとも僕はそう思っています。

もちろん、「神」という言葉を使っただけで、宗教やオカルト呼ばわりする人も少なくないでしょう。それは、神という言葉を、いろんな人が独自の解釈を加えながらさまざまな意味合いで使ってきたからですが、僕のいう神さまとは、決して一神教的な人格神ではなく、宇宙や自然の背後にある基本法則、すなわち第一原理としての完全調和の働きそのものであり、スピリチュアルな分野でいわれる「ワンネス」が最も近いイメージです。

ワンネスとは、すべては一つ、すべてが繋がっている世界であり、「すべての存在は私である」という認識です。

物理学的な表現をすれば、分離や変動がまったくない対称性（シンメトリー）のある一元の世界です。対称性のある世界とは、完璧なまでに美しい世界で、とりわけ物理学者や数学者たちは、美しい方程式や数式にそれを求める傾向があります。

シンメトリーは神聖幾何学などにも見られ、例えば花の形や雪の結晶、貝殻、黄金比、螺旋構造になっている遺伝子等々、このような秩序だった美しい構造を見て感動を覚えるのは、私たちの中にその記憶があるからで、それを霊性といってもよいでしょう。

ようするに、すべての存在が完全調和の世界に内包されているがゆえに、私たち一人ひとりの中にも、神のフォルムとしての美しいシンメトリーに感応する霊性が宿っている、ということです。心から感動したり、相手を思いやる気持、自己犠牲を厭《いと》わない愛や慈悲、そのような感性や情緒は本来誰にも備わっていて、それこそが物理法則としての霊性なのです。

日本人にとっての神の解釈について説かれた『神ながらの道』

とはいえ、やはり神という概念は誤解を招きやすいので、ここで、日本人にとっての神とはどういうものかについて少し解説をしておきましょう。

日本人にとって最も馴染み深いのが、かつて「現人神《あらひとがみ》」と呼ばれていた天皇という存在です。

拙著『祈りが護る國 アラヒトガミの霊力をふたたび』(明窓出版)では、天皇がアラヒトガミと呼ばれてきた本当の理由と、昭和天皇が優れた霊能力を発揮されていた事実などについて詳しく述べているのですが、ここでは、昭和天皇のお母様である貞明皇后に関するエピソードをご紹介したいと思います。

大正元年七月三十日、明治天皇の崩御に伴う、夫・嘉仁親王の皇位継承によって皇后となられた貞明皇后は、後に大正天皇が病で床に伏せてからは、天皇に代わって皇室での執務を自らがなさっていました。

貞明皇后は元の名を九条節子《さだこ》といい、公爵九条道孝の側室であった野間幾子の間に四女として生まれています。幼少の頃から健康で「九条の黒姫さま」と呼ばれていた節子は、やがて十五歳で病弱だった大正天皇（嘉仁親王）の后となります。

そして、それまでの慣例を破って、大正天皇の身辺の世話を自ら行い、後の昭和天皇、秩父宮、高松宮、三笠宮の四人の皇子をもうけ、天皇家の一夫一婦制の確立に寄与したといわれています。節子の実母の野間幾子は、明治時代の大変優れた霊能者でした。それゆえ、貞明皇后も母から霊能力を授かっていて、その血筋は昭和天皇にも引き継がれました。

さらに重要なのは、貞明皇后が古神道を学んでいたことです。

貞明皇后は、病状の悪化する大正天皇に寄り添いながら、八回にわたって東京帝国大学教授・筧克彦の進講を受けます。そのときの内容は、後に『神ながらの道』（大正十四年刊）としてまとめられ、貞明皇后は、筧の説く古神道は日本の歴史を通じた心のまことの道として傾倒し、自ら実践されたのです。

筧は、ドイツ留学時にキリスト教と出会い、日本人の精神的救済のために日本におけるルターの役割を務めようとしたものの、帰国後、日本独自の伝統や文化とキリスト教との相克に悩んだ末、古神道に行き着きました。

そして、寛容性を持つ古神道を核に据えた上で、海外の教えを自在に取り込んで古神道に接近しながら、日本人こそが世界精神の担い手であるとして、西洋諸国に逆輸出すべきだと主張しました。

そんな筧の宗教観を示す、こんなエピソードがあります。

ある学術振興会の会合で、道元や芭蕉などを日本精神の発露と見る京都学派の論客と、天皇中心主義の右翼活動家が激論を交わしていたときのこと。

筧が出てきて、かしわ手を打ち、ニッコリと笑って、「お二人ともどちらもよろしい。道元さまも親鸞さまもそれから吉田松陰さまも、みんな同じところから出てきた神さまです。それがヤオヨロズの神というもの」と言ったので、すべてが立ち消えになってしまった。

このような筧の教えを受けた貞明皇后は、まことの心と寛容な宗教観を持ってさまざまな宗教を信じる人々と接したそうです。

それを裏づけるように、筧の『神ながらの道』には、次のような記述が見られます（旧漢字のみ新漢字に変更）。

「みこと」と申すも神様と申すも大体同じことでございます。（中略）「みこと」の「み」と申すのは、麗しい、善い、有り難い、懐かしい等と申す意味が籠もって居る価値を表はす音聲でございまして、例の如く精密に之に該当する漢字がございませぬ。
「みこと」は「まこと」の源泉にして「まこと」の包蔵者たる者を申します。（中略）「まこと」と申す言葉は真言をも意味する場合あり、又、真理、真実、真心をも意味する場合がございますが、是等を言ひ表はす言葉の一つであるが如く、其の実質に於いても一切のものが調和して一つに融合する所に真に「まこと」を認むることが出来るのでございます。（中略）
「まこと」をうるはしき光明とすれば、「みこと」は其の光明の主人公たる「まことのひと」「うるはしき人」「真人」でございます。譬へていはば「まこと」は音響であり「みこと」は太鼓其のものであります。（後略）

日本人が大事にしてきた「一神多教」の世界観が地球を救う

『神ながらの道』には、古神道における神について次のように記されています。

神は一神にして多神、多神にして一神なり
惟神道は一神をも　多神をも認むれども、
一神教にもあらず、又、
多神教にもあらず、
又二元教とも限られず。

これを形而上学的素領域理論に基づいて現代風に解釈するなら、「一神多教」というふうにも解釈できるのではないかと思います。

つまり、
①完全調和の世界としての「一神」が、
②多様な素領域（ひな型）となる「個々の霊魂」（八百万の神々）を生み出し、
③三次元世界の多様な素粒子に該当する「多様な教え（宗教）」がもたらされた、
ということです。

創造の源である一神が、自発的対称性の破れ、すなわち各時代・各地域の預言者たちを介して多様な神仏に分かれ、この世に多様な教えがもたらされた。

ならば、寛容さと柔軟さを持ってさまざまな神仏を尊重し、受容しながら、一神の心、まことの心に添う生き方をしよう――これこそが、筧のいう一神教でも多神教でもない、日本人独自の神仏観、宗教観ではないでしょうか。

『神ながらの道』には、『古事記』の造化三神である天御中主神《アメノミナカヌシノカミ》・高皇産霊神《タカミムスヒノカミ》・神皇産霊神《カミムスヒノカミ》のそれぞれの本来の意味や働きについても詳しく述べられています。

よく知られているイザナギ・イザナミの神にしても、一般的な解釈では、イザナギの男神とイザナミの女神からアマテラスが生まれたと解釈されていますが、古神道では、それらは人格神ではなく、いずれも宇宙神（＝完全調和の世界）から派生した大自然の働きそのものを意味していて、音霊や言霊と呼ばれるさまざまな働きに応じてそれぞれの神々の名前が付されていることがわかります。

ようするに、筧が説いた古神道は、明治以降の一神教的色合いが濃い国家神道とは違い、宇宙開闢以来の大自然の営みとその奥にある法則性を示した、包括的な世界観に基づいているのです。

僕はこの『神ながらの道』を読んだとき、以前訪れたイスラム教のモスクのことを想い出しました。

イスラム教は、キリスト教が形骸化した頃に、預言者ムハンマドの前に大天使ガブリエルが現われて、アッラー（神）の啓示を伝えたのが始まりですが、人格神などの偶像崇拝を禁じています。

僕はエジプトに行ったときにモスクを訪ね、そこでイスラム教は日本の古神道に近い世界観を持っていることを初めて知ったのです。

モスクの中には各国語のパンフレットが置かれていて、日本語のパンフレットを読んだところ、イスラム教の神とは宇宙の普遍的な法則としての神であり、アラビア語で「神の意志に従う」という意味が「イスラーム」であるとの説明がなされていました。

以下は、イスラム教についての説明文の一部です。

この宇宙を包含するあらゆる構成要素の間には一定の法則と秩序がある。万物は思慮を絶した壮麗な動きをしている宇宙の中におのおの位置を割当られている。太陽、月、星そしてあらゆる天体は壮大極まりない機構の中で、互に結び合っている。それらは永恒不変の法則に従い、決して定められた進路から逸脱することはない。（中略）

人間の世界に於ても自然の法則は一目瞭然と働いている。人間の誕生、成長、生活は一連の法則、所謂生物学的な原則によって規制されている。人間は不変の法則に従って自然から生活の糧を摂取する。微少な組織から心臓、頭脳に至るまで人間の身体のあらゆる器官は人間に定められた法則に依って支配されている。要するに我々が住む宇宙は法則によって支配されているものであり、且つそこに生存する万物すべてがおのおのに定められたコースを歩んでいるのである。

　極微少なチリから天空の壮麗な銀河にいたるまで宇宙を構成するありとあらゆるものを支配するこの偉大な普遍の法則は宇宙を創造し支配し給もう神の法則である。一切のものは神の法則に従う。されば全宇宙がイスラームの宗教に文字どおり従っているのである。――何故ならイスラームとは宇宙の唯一創造主アッラーへの帰依と服従以外の何物でもないからである。

本来「神」と呼べるのは人格神を超えた宇宙の背後にある普遍的な法則だけ

　この説明を見てもわかるように、イスラム教は科学とも合致していて、パンフレットにも「イスラム教は極めて科学的な宗教です」と書かれていました。モスクの壁面装飾に見られたアラベスク様式にしても、植物や動物をモチーフにした幾何学的文様がとても美しく、イスラム美術の特徴を感じましたが、それは宇宙の秩序を表わしているからだと思います。

　このように、人格神を崇めるのではなく、大自然の営みの背後にある普遍的な法則そのものを神として捉え、その神の法則に従うのがイスラムの教え――これは、筧の説いた古神道と同様の世界観です。

つまり、人格神を超えた宇宙の背後にある普遍的な法則、第一原理こそが、万物を創造し、すべての生命を生かしていることから、それは今のところ「神」と呼ぶしかないもの。

そして、その神が起こしている万物の奇跡的な事象に対して、素直に感謝を捧げ、畏敬の念を持って現象の背後にある内的な秩序に委ねる、そんな生き方こそが真の宗教のあり方なのではないでしょうか。

言い換えれば、すべては宇宙の背後にある神の働きから生まれたものであり、あらゆる宗教の源はみな同じ、どの宗教の神々も同じところからやってきた個別の神々（神仏）、このような捉え方が本来の日本人の宗教観であり、神の捉え方だということです。

これは、平安時代以降の古神道と仏教を融合した「神仏習合」の考え方や、さらに時代を遡って縄文時代の調和的な世界観とも共通しています（縄文に関しては拙著『願いをかなえる「縄文ゲート」の開き方』（ビオ・マガジン）をご参照いただければ幸いです）。

戦争やテロ、宗教対立、民族紛争等々、あらゆる争いの根底には、そんな神の心、すなわち霊性を忘れて「自分たちの神だけが唯一絶対！」「自分が善で、相手が悪である！」という偏狭なエゴイズムが潜んでいます。

エゴや暴力による支配は、完全調和の世界との分断をもたらします。なぜそのような分断が起きるのかといえば、元は一つ、すべては一つの源から派生している、という繋がりを感受できなくなってしまったからで、これはある意味、霊性の危機といえるかもしれません。

そもそも、自分たちの神の正当性を競い合う前に、どの民族であっても何世代か何十代か遡れば、みんな先祖たちが繋がっていて、遺伝子レベルで見れば全人類は親類関係です。

この点に関して、筧が貞明皇后にご進講をした際、国民と天皇との関係について、「国民の一人ひとりの先祖を十五代ほど遡れば、みんな繋がっていて、さらに遡れば皇祖とも繋がっている」旨の話をしたそうです。

実際に、人類のＤＮＡのルーツを遡っていくと、元は一人の人物に行き着くでしょうし、またすべての物質・生命を構成している元素の出所も同じ宇宙であり、その宇宙を生み出したのが完全調和の世界。なので、その大元との繋がりを分断しないかぎり、ことさら個別の神の優劣を競わなくても、縄文人のように調和的に生きられるはずです。

特に今は、神という言葉を使った瞬間に、神のイメージや先入観の違いから、結果的に対立を生んでしまいがちですが、本来であれば、〇〇の神、という表現すら必要のないことかもしれません。

あえて神という表現を用いるのなら、誰にとっても疑いようのない、またいつの時代であっても変わることのない普遍的な法則、それだけが真に神と呼ぶにふさわしい存在。

その意味において、日本人が永い間大事にしてきた「一神多教」という包括的な宗教観・世界観をもう一度見直し、世界に向けて発信していく必要があるのではないでしょうか。

これまでは「光」として表現されてきた完全調和の世界

ここまでの説明で、形而上学的素領域理論では、人格神としての神ではなく、宇宙を秩序たらしめている法則、現象の背後に潜んでいる普遍的な物理法則そのものを便宜的に「神(神さま)」と表現している、ということがおわかりいただけたかと思います。

もちろん、神という言葉にまつわるさまざまなイメージや先入観を払拭できれば、それにこしたことはないわけですが、現象の背後にある物理法則、すなわち素領域と素領域の間(外側)にある完全調和の世界の存在を、万人にとってわかりやすく一言で表現できる言葉は、残念ながら今のところ「神(神さま)」以外には見当たりません。

これまで、宗教や精神世界では、完全調和の世界を連想させる言葉として「光の世界」や「光の存在」といった表現がよく用いられてきました。

例えば、ビンゲンのヒルデガルドという聖女は、「霊性の光」という表現をしていたようです。ヒルデガルドは、中世ドイツのベネディクト会系女子修道院長を務めた神秘家です。四十歳の頃に「生ける光の影」の幻視体験をして、独自の聖書解釈をするとともに、医学、動物学、薬草学、宝石学、音楽や建築まで幅広くその異才を放つと同時に、二つの女子修道院を創り、二〇一二年にはバチカンから知識と教養に優れる聖人として「教会博士」に認定されています。

ヒルデガルドは、貴族でもない一般の人が本を出版することなど到底できない時代に、四十三歳のときに神さまからの啓示と導きによって本を出版することができ、生涯に『神の道を知れ』『フィジカ（自然学）』『病因と治療』などの著書を遺しています。

僕は、岡山のキリスト教関係の専門書店で、たまたまヒルデガルドに関する本を見つけて買って読んだことがあります。ところが、その後、誰かに貸したわけでもないのに、その本がなぜか忽然と消えてなくなってしまったのです。

もしかしたら、霊的存在によって一時的に物質化されたものだったのかもしれませんが、僕の記憶に鮮明に残っているのは、ヒルデガルドが霊性の光について述べている点で、彼女が見た光のビジョンとは次のようなものでした。

・「生き生きした光の影」が現れ、その光の中に様々な様相が形となって浮かび上がり輝く。炎のように言葉が彼女に伝わり、また見た物の意味づけは一瞬にしてなされ、長く、長く記憶に留まる。

・また別の「生ける光」がその中に現れることがあるが、それを見ると苦悩や悲しみがすべて彼女から去ってしまい、気持ちが若返る。

おそらく、この生ける光こそが、ヒルデガルドが感受した完全調和の世界そのものだったのでしょう。

また、ヒルデガルドは、人間について「神の創造の凝縮したもの」として次のように捉えていたようです。

・人間は神の作品（創られたもの）であると同時に、全被造物を代表して世界全体を自らに映しながら、一歩一歩、世界における神の創造の仕事を完成していく（創っていく）使命を持っている存在である。

・病気とは、人間の本来の在り方から離れた状態。この病気の重い心に対向して働くのが自然な生命の力としての「緑の力」である。それゆえ、病気のときには、同時に人間をその本来の在り方へ、つまり癒しへと導く緑の力が働いている。

・人間には常に自己の底から、その本来の在り方が呼びかけ、働きかけている。病気とは、その呼びかけの声ともいえるが、人間はその呼び声が聴けなくなっていて、それゆえ間違った道を様々な思い煩いの中に自己を見失いながらさまよっている。

完全調和の世界を表わすのにピッタリな言葉は、日本語の「間《ま》」

霊性、神の啓示、神霊界（天上界）などを光として捉えるのは、ヒルデガルドに限らず、古今東西の宗教家や神秘思想家などにも共通しています。

スウェーデンの科学者であり、神秘主義思想家でもあったスウェーデンボルグもその一人。彼は、晩年、天使に導かれて脱魂状態で霊界を探訪し、肉体に戻ってきた後にそのときの様子を『霊界日記』として書き記したことによって、後のスピリチュアリズムに大きな影響を与えたことでもよく知られています（詳しくはパートVで後述）。

スウェーデンボルグの場合は、「霊界の太陽」の存在を強調していて、「天界の太陽は主であり、天界の光は神の真理であり、天界の熱は神の善」などと述べています。

確かに、生ける光や天界の太陽などは、完全調和（神）の世界のイメージにふさわしいかもしれませんが、本書の公表にあたって、もっと完全調和の世界を容易に連想できる適切な日本語があるのではないかと考えていたところ、フッと浮かんできた言葉がありました！

それは、「間《ま》」という言葉です。

人と人の間と書いて「人間」、世の中のことを「世間」と書くように、間は様々な表現に使われていますが、その「間」の語源（由来）を調べてみたら、旧字では「閒」と書いたそうで、これは「門を閉じても月の明かりがもれるすきまの意味」を表したものだとか。

わずかな隙間からもれてくる、ほのかな月明かり――まさに、素領域と素領域の間にある完全調和の世界のイメージにピッタリです!!

やはり、昔の人はとても感受性が豊かだったようで、単に物と物の間の「何もない空間」ではなく、間という一文字によって、以下のように多様な意味を使い分けてきたのです。

間とは……

- 二つの物に挟まれた部分や範囲。
- ある物事とある物事を隔てる部分や時の長さ。
- 物事や現象等の相対するものの関係。
- 人と人との相互の関係。仲。
- ある限られた集合や範囲。
- ある範囲内における双方から見た真ん中。

・原因や理由を表わす。～から。～ので。
・部屋。
・ちょうどよい時期やチャンス。
・その場の様子（状態）。

とりわけ、日本人は昔から間を大切にしてきましたが、「間違い」「間がいい」「間が持てない」「間ぬけ」などという言葉は今でもよく使われる言葉です。

日本の武道や伝統芸能は、まさしく間の文化。合気道や剣道、弓道、空手や相撲なども間合いが勝敗を決めるし、茶道や華道、書道などにおいても間がクオリティを決定づけます。

茶室の間取りが「小宇宙」と呼ばれている理由も、現象の背後にある法則に則っているからで、またお母さんの手間をかけた手料理が重宝されるのも、間の精妙なる働きを経験的に知っているからでしょう。

芸能にしても、時間としての間を巧みに使いながら、観客を非日常の世界へと導いていきます。

つまり、邦楽・舞踊・演劇などで、音と音、動作と動作、セリフとセリフの間に入れる休止のことや、拍子やリズムのことを間と呼ぶわけですが、その間が抜けるとは、演奏や演技で拍子が抜けることをいい、転じて「肝心なところが抜ける」という意味になったとか。

このように、生活のあらゆる場において間の働きを感じながら、間の力を味方につけてきたのが私たち日本人なのです。

間とは、大自然の調和や秩序のこと。この間のとり方が的確ならば、「間が良い」「間が合う」わけで、これは完全調和の世界と響きあって調和や秩序がもたらされることを意味していると解釈できます。

反対に、「間が悪い」「間が合わない」などは、完全調和の世界の側から見ると時期やタイミングが適切ではないとか、さらには調和や秩序が乱れて美しくないことを「間違い」「間ぬけ」などと称したのでしょう。これは、大自然の背後にある法則に合致していない無秩序な状態です。

ちなみに、僕の地元の岡山弁では、「まんが悪い」といいますが、これは間という響きを少し柔らかくした方言なのではないかと思いますが、やはりとても間《まん》の働きを重視していたことが伺えます。

まさに、間《ま》は、素領域の外側、素領域と素領域の間にある完全調和の世界、神の働きそのもの。

すべての存在は、多大なる間の恩恵の上に成り立っていて、間によって生かされている。

そしてなにより、神の限られた範囲としての間こそが、私たち人間であるということです。

合気道の門人から手渡された「間」と書いて「あわい」と読むＣＤアルバム

完全調和の世界を表わす日本語が「間」だと気づいてから、数日後、冠光寺眞法（後述）の門人である一人の女性が、「ＣＤアルバムを作ったのでよかったら聴いてください」と一枚のＣＤを手渡してくれました。

アルバムの表紙に書かれていた文字を見て、僕は思わずハッとしました。なんとそこに書かれていたのは「間」と書いて「あわい」と読む文字だったのです！

彼女の名は、ルミナ山下さん。三歳のときに臨死体験を経験した後、あるときから宇宙情報を感受するようになり、現在はアーティスト活動とともに遠隔エネルギーシェアをされている素敵な女性です。

ＣＤ「間《あわい》」は、「歌（ヴォイス）：ルミナ山下、ガンクドラム：アカシアアイ、ピアノ：大槻和彦」らによる即興ユニットバンド名で、アルバム名とともに間と書いて「あわい」と読んでいるそうです。

ルミナ山下さんによると、このアルバムは、全員別の部屋に入っていながら同時即興での同時録音で、全員チャネリング状態で同時に一つの曲を作ったとのこと。

まさに、完全調和の世界と響きあう即興チャネリング音楽で、どの曲も不思議な浮遊感の中に誘われているような音霊を感じさせてくれます。

間の意味に気づいた数日後に、間という「あわい」(即興チャネリング音楽)に出会う——やはりこれも間の成せる業なのかもしれません。

パートⅢ　霊性は間の力を引き出して奇跡を呼ぶ

脳は霊魂の働きを身体に変換する装置である

このパートでは、さらに形而上学的素領域理論から見た霊性について深めていきたいと思います。

まず、霊性について語る前に、心について考えてみましょう。

これまでの心理学や脳科学などでは、「心はどこにあるか？」といった問いに対する納得のいく説明はできていません。

「えっ、脳じゃないの!?」と思われた方もいるかもしれませんが、確かに脳の働きを漠然と心と捉える向きもありますが、ではその脳はいったいどうして機能しているのか？

脳を統合的に機能させている主体を心や意識だとすれば、脳と心は別もので、脳というハードウエアを動かすためのソフトウエアがあるはずです。

現に、開頭実験によって脳の機能別の地図（脳地図）を初めて描いたことで知られる脳神経外科医のワイルダー・ペンフィールドは、「心は脳の中にはない」と断言しています。

彼の考えはこうです。

意識の流れの内容は脳の中に記録される。しかしその記録を見守りながら、かつ同時に命令を出すのは心であって、脳ではない。では、心は独自の記憶をもっているだろうか。その証拠はないという理由で、答えはノーである。

では、形而上学的素領域理論から見ると、脳はどのように捉えられるのかというと――。

脳とは、完全調和の世界の側からの作用を三次元に変換する装置と考えられます。つまり、個々の霊魂の働きをこの世に具現化するための変換装置であって、変換装置である以上、脳そのものが私たちの意識や心を作り出しているわけではないのです。

脳の神経細胞の働きは、電気的・化学的な反応であって、基本的には三次元の刺激や情報に対する反射であり、これはハードウエアとしての機能です。

なのに、未だに脳が心の在りかだとか、意識を生み出していると捉えている人が多く、これも唯物論的な現象科学に基づく「機械的な人間」の見方の一つでしょう。

脳という装置を動かしている主体、すなわちソフトウエアは、あくまで私たちの霊魂です。

形而上学的素領域理論から見ると、私たちは完全調和の世界の側にある霊魂と、この世の三次元側にある肉体によって成り立っていて、霊魂が主体であることはすでに述べました。

つまり、その主体である霊魂が生み出した素領域が、物質としての脳を統合的に動かしているソフトウエアにあたるわけです。それは前述したように、スピリチュアルな分野において「霊体」「オーラ」「ライトボディ」「生命場」などと呼ばれてきたものと同じで、身体をつくるひな型（青写真）。そして、そのひな型の作用を物質レベルに変換する装置が脳なのです。

人間の霊魂は、身体に激しいダメージを受けたり、死や幽体離脱によって身体を離れても、ダメージを受ける前や死ぬ前の身体のひな型（原型）を記憶しています。

そのような事例について取り上げているのが、『脳のなかの幽霊』（V・S・ラマチャンドラン著／角川文庫）という本です。

この本には、切断された手足がまだあると感じるスポーツ選手、自分の身体の一部を他人のものだと主張する患者、両親を本人と認めず偽者だと主張する青年など、神経疾患の患者の例がいくつか紹介されています。

例えば、切断されてなくなったはずの腕や足の感覚がいつまでも残る「幻肢」という症状があります。その幻肢の患者に目を閉じてもらって患者の顔を綿棒でこすったら、切断されてなくなったはずの手にも触られているような感覚が生じたというのです。

これは、手が切断されたことでそれに対応する脳の地図が再配置されると考えられるからですが、このような幻肢が起こるのは、完全調和の側の霊魂が作りだした素領域というひな型があるからです。

また、生まれつき両腕がない患者が幻肢を体験している例もあり、この患者の脳の神経回路は、生まれてから一度も視覚や触覚、運動感覚のフィードバックを受けたことがないのに、話すときだけは自分が身ぶり手ぶりをする感覚があるというのです。

こうした事例は、霊魂がまず身体のひな型を作り出し、脳という変換装置をとおして身体の感覚機能に働きかけていることの証左といえるでしょう。

神さまを喜ばせ、一緒に間を楽しむのが日本の伝統文化

一般的には、心や意識は脳の働きであるかのような誤った認識が広がっていますが、今述べたように、脳は完全調和の側、つまり間《ま》の働きを物質レベルに変換する装置であり、その間の持つ霊妙なる作用を感受する情緒のことを、日本人は「心」と呼んできたのです。

とりわけ、昔の日本人は、この心の働きについてよく理解していたようです。

「心」の字源を紐解くと、古くは心臓が生命の根源であるとともに、思考する場所であると考えられていたことに起因していて、心臓が血液を身体のすみずみまで送る機能に象徴されるように、「浸（じわじわとしみる）」や「滲（じわじわとにじむ）」とあります。

あるいは、「凝々（こりこり）」「凝々（ころころ）」「凝る（こごる）」などから「こころ」に転じたとする説もあります。

いずれにしても、頭と心は別ものと考えられていたわけですが、形而上学的素領域理論から見ると、本来、心とは、本体である霊魂が被造物である脳や身体活動に及ぼす霊妙な作用のことを指します。

つまり、脳や身体に影響を与えている霊的な作用が心。だからこそ、古来より日本人は、邪気のない「まことの心」（真心・誠の心）を大切にしてきたのです。

おそらく、「まこと」も完全調和の世界を表わす「間」から派生した言葉ではないかと思われますが、まことの心を霊性と呼ぶならば、霊性によって間（神）の力を引きだす方法が本来の「魔（間）法」なのかもしれません。

つまり、私たちのまことの心・霊性が、完全調和の世界と響きあって三次元の素領域を変えるということで、まさに霊性が間の力を引き出して奇跡を呼ぶのです。

しかも、古来より日本人は「神さまを喜ばせる」「神さまと一緒に遊ぶ」ことでそれを楽しんできたふしがあります。

そもそも、日本の伝統芸能は、神さまに対する感謝を捧げるとともに、神さまを喜ばせたり、一緒に遊ぶために始まったもので、まさに間の力を引きだす魔法！　踊ったり、舞ったり、歌うことによって神々の世界と交流する、つまり、変性意識状態で間《ま》の中に入り、神さまと一体化することによって恍惚感を覚えるのが芸能の原点だったのでしょう。

国技である相撲にしても同じです。子どもたちから見たら「なんでこんな取組みがおもしろいの!?」と思うような動作であっても、蹲踞（そんきょ）にはお互いへの尊敬を、もみ手で拍手して両手を翼のようにして広げる塵手水（ちりちょうず）は清めのため、四股を踏み、塩をまくのも、邪気払いのためです。

そして、互いに息を合わせながら、間をはかる立ち会い。最後に勝利した力士が懸賞金を受け取る際には、必ず心という字を描く手刀を切る所作をしますが、これも三神に対する感謝の意を示すためのものです。

このように、勝敗だけにこだわる外国の格闘技とは違って、相撲はあくまで神前で行うご神事。初めに神さまありきの世界であり、その神さまを喜ばせ、一緒に間を楽しむのが相撲や神楽、舞い、和太鼓などといった日本の伝統文化なのです。

神と呼吸を合わせるのが霊性の働き

日本人が間《ま》と呼んできた完全調和・神さまの世界。その間からの働きかけ、間の作用とピッタリと響き合っているのが、物理法則としての霊性です。

間と響きあうことで、シンクロニシティ（意味のある偶然の一致）や奇跡的な現象が起きやすくなるのは、本来、誰の中にも間の働きをキャッチする霊性があるからです。

霊性・スピリチュアリティの語源は、「息」（呼吸）です。ですから、間と息を合わせる、すなわち、神と呼吸を合わせることが霊性の働きであると考えられますし、日々の生活の中で神（間）と呼吸があっている状態を「霊性開花」といいます。

神さまセンサーがオンのままで、霊性を開いている人の生き方は、厳しくもまた美しいものです（次章で詳述）。

なぜなら、大自然の調和や秩序と響き合う思いや生き方は、私たちの主体である霊魂の望みであり、その姿こそが最も美しく見えるからです。

一方、大自然の調和や秩序に反する思いや生き方は、霊性とは反対に無秩序さや醜さを生じ、哀れで愚かな姿をさらす結果を招いてしまいます。

「心が健康であれば、ほとんどの人が美しくありたいと願うでしょうが、それは意識するとしないにかかわらず、誰もが美しい生き方にひかれ、それが本当の幸せに繋がることを知っているからでしょう。

つまり、霊性を開くというのは、できるだけ自我を抑えて、大自然の調和や秩序を生じさせている間に委ねることであり、そのまことの心が美しさを生む、ということです。

そこで、大自然の調和や秩序から見て、「今の科学のあり方は美しいか？」と問うならば、大いに疑問を感じざるを得ません。

例えば、今多くの人の期待の的となっている遺伝子操作はどうか。

形而上学的素領域理論からすると、いくら遺伝子を操作してみても、それはあくまで素粒子レベルの変化であって、ひな型である素領域までは変えることはできません。

素粒子の入れ物となるひな型が変わらない限り、劇的な変化は期待できないし、あくまでその人のひな型に添った素粒子によって細胞や身体が構成されるだけです。

ひな型を変えられるのは、基本的には完全調和の側の霊魂です。なので、霊魂という「神の間」に委ねることによって美しさがもたらされるのであって、人間の欲得でひな型を変えようとすると、必ず歪みが生じるのです。

例えば、映画『スタートレック』に出てくるホロドクターのように、よほど進化した技術を用いなければ、素領域を技術的に変えることは難しく、もし仮にできたとしても非常に危険性があります。

というのも、実際にあるアメリカの勢力によって、人体の素領域としての霊体（アストラル体）を傷つけられてがんになってしまった人物がいるからです。

その人物は、過去に隠蔽されてきたＵＦＯ情報の公開に踏みきり、宇宙人との平和的なコンタクトを目的とした「ディスクロージャープロジェクト」を推進しているノースカロライナの救急医スティーブン・Ｍ・グリア博士です。

グリア博士の著書によると、彼自身が、宇宙人による地球外文明のテクノロジーや武器を研究開発している米国のある機関によって命を狙われ、特殊な武器で攻撃されてがんになってしまったそうです。

もちろん、がんになった原因がそのような未来型の武器であることは知られていないので罪に問うことはできませんが、アメリカではすでにそのような霊体にまで作用を及ぼす極めて非人道的な武器が開発され、実際に使用されているのです。

これは、間の働きとは逆行する形で科学技術を悪用したケースです。

自分を殺そうとしている相手をも愛し、受け入れられるように修練する

地球人であれ、宇宙人であれ、間の働きに反するような邪悪な意図を持っていると、どんなに進んだ科学技術を持っていても、それが誤用されたり悪用されて人類に大きな不幸をもたらすことは、核兵器の使用など過去の歴史を見ても明らかです。

これまで人類が犯してきた「間違い」とは、この世の人間が作り出したその時々の価値基準に基づくものではなく、あくまで完全調和の世界の働きに逆行する行為を指します。

なので、かつての平和な縄文時代のように、今後、私たち人類が調和と秩序ある地球文明を望むなら、形而上学的素領域理論の研究を進めるとともに、一人ひとりが間と呼吸を合わせる生き方にチェンジしていくしかありません。

間と息を合わせるというのは、自我（エゴ）の思い煩いからどれだけ離れられるか、と言い換えることもできるでしょう。

ものごとの判断基準が我欲や過去の出来事に対する執着、あるいは未来に対する漠然とした不安からくるものであれば、完全調和の世界である間と響き合わなくなって無秩序な状態を招く——これを「間違い」「間ぬけ」というのでしょう。

また、自分勝手な心や人に対する嫉妬や恨みなども間との断絶を生んで、対人関係やものごとがうまく進まなくなり、自分で自分の首を絞める結果を招くことになるわけですが、反対に、間を信頼し、間違いを起こさないように心がけていれば、ものごとがうまく運んでいくはずです。

ちなみに、僕が指導している冠光寺流柔術でも、間と息を合わせることが基本で、間を重視しています。

冠光寺流柔術は、カトリック修道師に伝えられていた「キリストの活人術」である冠光寺眞法に基づく護身技術であり、物理法則に裏づけられた力学技法をも加味した斬新な柔術体系です。

元々は、如何なる場合にも敵意を抱かず相手を受け入れることで発現する「愛魂《あいき》」を修得するために考え出され、カトリックの聖地モンセラート山中において隠遁修行を選択した神父たちによって密やかに伝えられてきた、一見柔道や相撲に似た組み技系の荒行です（『合気開眼』海鳴社）。

そして、長年僕が修行してきた合気道の源流である大東流合気柔術体系にこの冠光寺眞法を融合したものが冠光寺流柔術（愛魂道）です。「冠光」というのは「聖母マリア様」という意味で、つまり、「イエスの活人術」と「マリア様の慈愛」を融合したものが冠光寺柔術です。

その目的は、自分を殺傷せんと加えられる相手からの攻撃を受けてなお、相手を愛し、受け入れることが可能になるように修練することです。

このような修練を積むことでも、自然に間と息が合ってくるようになります。

モーゼが海を割る奇跡を起こしたのは、間の力によるものだった

間と息を合わせるのは、古来より日本人が得意とするところでした。

その現われの一つが、日本人は宗教に対しておおらかで、とても寛容だったことです。

元旦や七五三には神社に詣り、結婚式は教会であげ、秋にはハロウィンを祝い、年末の年越しやお葬式はお寺で……というのは、ごく一般的な日本人の生活様式でしょう。

これを一神教の人たちから見れば、信仰心が薄いか、曖昧でいい加減だと捉えられますが、前述したように、日本人にとってはどの宗教も出所や最終目的は同じであると捉えているために、それぞれの目的や用途によって上手に使い分けるのが得意なのです。

これはある意味、儀式や儀礼、教典などの宗教現象の奥にある完全調和の世界の働きを信じて疑わない、つまり、間の働きに対する信頼があるからだと思います。

そもそも、宗教のルーツを遡ると、どの宗教も元々は大自然の調和や秩序を敬ったところから始まっていて、新たな宗教が発生する際には、必ずそこに間（神さま）の力が作用しているのがわかります。

例えば、一神教の元祖であるユダヤ教は、最初の頃（紀元前十世紀以前）はユダヤ民族にとって自然を愛する自然信仰でした。それが歴史的な過程の中でモーゼが預言者として出現し、当時の政治的な背景から、ユダヤ民族は唯一絶対の神ヤハウェに選ばれた民として生きることを決めてから、一神教になったのです。

ここで重要なのは、モーゼの出現によってユダヤ教が発生したのは、モーゼ自身に間（神さま）の力が働いた結果だということです。

モーゼは実に数奇な人生を歩んでいます。

奴隷の子として生まれた彼は、赤ん坊のときに川に流されます。そして、ファラオの娘に拾われて「川から引き上げた子」という意味のモーゼという名を付けられ、宮廷で王家の子として育てられます。

成人したモーゼは、自分の生い立ちを知ったある日、工事現場で鞭打たれているユダヤ人を見て彼を救おうとし、誤ってエジプト人を殺してしまい、シナイ半島に逃げます。

そこでツィポラという娘と結婚し、子供もできて平和に暮らしていたモーゼは、ある日シナイ山のふもとで神の使いに出会い、「エジプトに帰りイスラエルの民を救え。そして、約束の地カナンに連れていくように」とのお告げを受けて、十項の戒律（十戒）を授かります。

モーゼは妻子を連れてエジプトに戻り、エジプト王に神の言葉を告げたものの聞き入れられなかったので、神に相談し、十種の災害をエジプトに下します。災害によって震え上がったエジプト王は、ユダヤ人がエジプトを出ることを許し、こうしてモーゼは２００万人のユダヤ人を引き連れてカナンの地に向かいます。

エジプトのファラオは、彼らを引き戻そうと軍隊を差し向けたところ、モーゼが手を上げると海が割れて、道ができ、ユダヤ人たちが渡りきったところで海は再び元に戻り、追いかけてきたエジプト人は溺れて死んだ――これがユダヤ教が発生するまでの経緯です。

この物語で最も重要なのは、モーゼが海を割ったという奇跡です。この奇跡現象は、三次元の素領域の外側の完全調和の世界からの働きかけがなければあり得ないことです。

つまり、形而上学的素領域理論から見れば、完全調和の間の力が海の素領域としてのひな型を自在に動かしたからこそ、大量の海水を一旦分割して再び元の状態に戻すことができたと考えられ、その意味で、まさに宗教発生の陰に間の力ありきなのです。

完全調和の間の力を引き出す秘訣とは⁉

もちろん、このような奇跡現象の例はモーゼに限りません。

イエス・キリストも海の上を歩いたり、盲人の目を治したり、死者を蘇らせるなど、古今東西、宗教と名のつくものには必ずといってよいほど神さまからの啓示や科学では説明できない超自然的な現象が起きていて、だからこそ、人々の信仰を一心に集めることができたのだと思います。

中には、後世の人々によって多少脚色されたり神話化された部分もあるかもしれませんが、そのすべてが想像や作り話とは考えられないし、そこで何らかの奇跡を目撃したり体験したからこそ、宗教が成立したことは容易に想像できます。

ということは、宗教を創ったのは、人間ではなく、間（神さま）の力といえるでしょう。少なくとも、形而上学的素領域理論に基づけば、各宗教が発生した根底にある奇跡現象についてもある程度説明はつくし、これまで「神のみわざ」として崇められてきたことも間の働き・間の力と言い換えることができるのです。

とすれば、物理法則としての間の働きについて知ることによって、間の力を引き出すことも可能だということになります。

これまでの歴史上の奇跡現象や、また僕自身に起きたことなども合わせて考えると、間の力を引き出して味方につけるには、まず第一に、見えないけれど確かにそこ・ここにある間の働きを認識する、平たくいえば、霊妙なる間の力を信じることが必要になります。

つまり、完全調和の側にある霊魂としての自分の本性（霊性）を自覚する――これが間の力を引き出す秘訣です。

そしてつい最近、その霊性を簡単に開くスイッチがあることに気づきました。それは「英雄スイッチ」です。どういうことか説明しましょう。

まず、ここでいう「英雄」とは、多くの人ができない偉大なことを成し遂げた人という一般的な意味ではありません。

自分を犠牲にしてまでも他人や世の中のために尽くせる人のことです。例えば、困っている人を見かけたら、すぐに声をかけたり、手を貸してあげるなど、誰からも評価されなくても、自分の美意識にしたがって素直に行動ができる、そんな人のことを僕は英雄と呼びたいと思います。

この英雄スイッチがオンになっていれば、間との繋がりを特に意識していなくても、霊性が開花しやすくなるのです。

ただし、「我、英雄たらん!」という意志を持っておかないと、日常生活の中でどうしてもエゴに引きずられて、知らない間に英雄スイッチがオフになってしまいがちになります。なので、何か意識できるものを用意しておくとスイッチオン状態をキープしやすくなります。

例えば、よく軍人が胸に勲章をつけていますが、あの勲章も、英雄を意識させるためのシンボルの一つです。

軍人である以上、有事の際には命をかけて戦わないといけないので、常日頃から英雄スイッチをオンにしておく必要があり、そのために功績のあった者に勲章が与えられるのです。

英雄スイッチがオンになって、英雄として生きていれば、どんな職業に就いていても、またどんなに厳しい状況に置かれたとしても、間のサポートが得られるようになります。

それは、そもそも完全調和の間そのものが美しい秩序の世界だからで、私たちの美しい心や志と最も響きあうからです。

間の愛を最も引き出すのは英雄の愛

最も間と響きあう、自己犠牲を厭わない愛の実践――それを身を持って体現したのがイエス・キリストです。

そのことに気づいた僕は、さっそく自分の道場で試してみることにしました。

一番屈強な門人に腕をグッとつかんでもらい、こちらがまったく動けない状態で、「僕は英雄だ！」と思った瞬間、こちらが腕を動かす動作もなにもしていないにも関わらず、その屈強な門人がその場で吹っ飛んだのです。

「えっ、なにをやったんですか?」と驚く門人。それに対して、「いや、僕が英雄になっただけだよ」と僕。それを見ていた他の門人が、「今までやっていた愛はどうなったんですか⁉」と聞いてきたので、今度は愛の意識で同じようにやってみたら、同じ結果でした。

そこで、次に英雄と愛の意識を合わせてやってみることにしました。

門人には告げないまま、英雄になったつもりで愛を込めたところ、最も全身がパワーに満ちて、相手の攻撃を簡単に無力化することができたのです。

つまり、ただ愛するよりも、英雄になったうえで相手を愛することが、最も間の力が入るということです。

よく考えてみれば、これまで歴史上で英雄と讃えられた人たちは、みんなそのような自己犠牲を厭わない、愛情深い人たちであったろうことは想像に難くありません。

前述した、モーゼやイエス、ヒルデガルドなども、自分のことよりも他の幸せを優先できることの心、深い愛がそこにあったのです。

英雄の愛こそが、最も間の力を引き出すがゆえに、永く後世に残るほどの驚くべき奇跡がもたらされたのでしょう。

ちなみに、ＡＩ（人工知能）も、間にもしＹｏｕ（あなた）が入れば、ＡＹｏｕＩ＝英雄の愛となり、その働きが大きく変わるかもしれません。つまり、間の霊妙な働きがシリコンチップに入れば、英雄の愛を体現するＡＩロボットができる可能性があるのです。

機械であっても、もしそこに愛が、しかも英雄の愛がインプットされれば、科学技術の誤用、悪用が避けられる可能性があるので、人類の未来にも明るい希望が持てるでしょう。

とりわけ、ロボットを擬人化して愛称をつけるなど、日本人は昔から道具や機械に愛情を込めてきた歴史があります。そんな日本人だからこそ、間の働きを信じ、間に委ね、間と息を合わせることで知らず知らずのうちに英雄の愛を学んでこられたのかもしれません。

武道では、間のことを「間合い」と呼びますが、これぞまさに間の愛。

殺人剣から始まって、活人剣（拳）にまで昇華させてきた日本武道の歴史は、その間の愛を体得するためのすぐれた修練法だったのでしょう。

すなわち、大いなる間の愛を受け、英雄の愛を持って他者に移し返す――これが物理法則としての霊性の働きといえるのではないかと思います。

パートⅣ　みごとに霊性を開花させていた先達たち

世界的数学者・岡潔先生の足跡

このパートでは、内なる霊性をみごとに開花させていた人たちについて取り上げたいと思います。

すでにご紹介した、古神道の神髄を『神ながらの道』としてまとめられた筧克彦、そして筧のご進講を受けられた昭和天皇のお母様であった貞明皇后などは、まさに霊性を開花された御方であったことは間違いありません。

国民と苦労を共にし、生涯、弱者や孤立者の立場に立つことを信念としていた貞明皇后は、戦後の占領期にあった昭和二十六年の歌会始で「このねぬる　朝けの空に　光あり　のぼる日かげは　まだ見えねども」という歌を詠まれており、国家主権の回復に向けてあるべき日本への回帰を願っていた、そのまことのお心が偲ばれます。

自己犠牲を厭わず常に他のために力を尽くす――その真摯な姿に私たちは霊性の輝きを見るわけですが、そのような魂の輝きを放っている日本人は決して少なくありません。

とりわけ、僕が尊敬してやまない霊性開花の御仁は、世界的数学者の岡潔先生です。

岡潔という名を聞いても知らない世代も多いかもしれませんので、まずは岡先生の足跡についてご紹介しておきましょう。

岡潔先生は、明治三十四（一九〇一）年、大阪市生まれ。幼少期には父親の実家があった和歌山県で過ごし、小学校に飛び級入学するなどその秀才ぶりを発揮。やがて京都帝国大学（現京都大学）の理学部に入学し、それまで物理学志望だったのを在学中に数学志望に変更します。

そして、卒業と同時に同学部の講師に就任。しかし、その後助教授になったものの、大学側との齟齬から帝国大学を辞め、実父の支援を受けて世界トップの数学を学ぶためにフランスのソルボンヌ大学に留学。そこで世界的に知られた数学の三大問題を解決するために、「多変数函数論」を生涯の研究テーマとしました。

一方、眼科医だった岡先生の奥様みち夫人は、父親からの金銭援助と自分で旅費を稼いで、岡先生を支えるために遅れてフランスに渡ります。

パリでの岡先生は、ハルトークスの逆問題の解決の糸口を発想し、その一年後の昭和六（一九三一）年に論文にまとめ上げ、三大問題の解決を目指すものの、同年九月に満州事変が起こって戦争の時代が到来します。

そんな中、みち夫人が妊娠したこともあって、二人で日本に帰国。しかし、長女が誕生したものの、京都大学への就職はかなわず、広島文理科大学の助教授に赴任することになった岡先生は、フランスでの研究をまとめた論文に取組みながら、そこで六年間数学の教鞭を執ることになります。

ところが、論文を次々に発表したものの、日本の数学者はその内容が理解できなかったため、評価されることはありませんでした。

さらに、長女に加えて生まれたばかりの長男を加え、一家四人の極貧生活が続くとともに、数学に没頭して極度の睡眠不足にみまわれ、神経を衰弱して入院を余儀なくされます。

みち夫人の支えと教え子の湯川先生の働きでやっと世界的な評価が得られる

そんな中、岡先生は、三大問題を突破する方法がひらめき、その論文を完成させます。

みち夫人は夫の書き上げた世界的論文を京都大学へ持っていき、「この論文を読んでほしい」と涙ながらに懇願。そこで、渡米する予定の湯川秀樹先生に託すことを薦められます。

岡先生のかつての教え子でもあった湯川先生が、恩師の論文を持ってアメリカのプリンストン高等研究所に渡り、仲介者を通じて次々に奇跡のリレーが果たされ、フランスの著名な数学者であるアンリ・カルタンのもとに届けられ、岡先生の論文は世界的な評価を得ます。

しかし、岡先生は病気が原因で広島文理科大学を辞職。郷里の和歌山県紀見村（現橋本市）に戻ることになり、無職の状態で三人目の子ども（次女）が誕生します。

その後、一時期、北海道大学に赴任したものの、再び帰郷。そこで終戦を迎え、昭和二十四年、四十八歳で奈良女子大学教授に就任し、晩年は仏教（浄土宗）の光明主義に傾倒するとともに、奈良市で余生を過ごしました。

奈良での十三年間は、家族を養うために田畑を売ったり、奨学金をもらうなどして生計を立て、家すら手放して村人の好意で物置に住んだことも……。しかし、そんな中でも多変数関数論の研究の中で不定域イデアルの理論（局所と大域を扱う層に関する理論）を完成させるなど、数学の難解な研究論文を書き上げ、世界的な認知度も上がっていきました。

やがて、五十九歳のときには文化勲章を受章され、その後京都産業大学教授に就任し、昭和四十六（一九七一）年二月六日に最後のセミナーを行っています。

それから七年後の昭和五十三（一九七八）年三月一日、岡潔先生は永眠されます（享年七十六歳）。

そして、夫の後を追うように、二ヶ月後の五月二十六日にみち夫人が急死されました。

岡先生は、終生天才と思われることを嫌ったそうで、「私の努力を知らないからだ」と言って相手を叱りつけたとか。そして、息を引き取る間際には、「とうとう解けなかった問題が二つある」と言い遺して、あの世に旅立ったということです。

「はじめに霊性という心がある」と喝破し、現代人に警鐘を鳴らしていた岡先生

岡先生の人柄を物語る、次のようなエピソードがあります。

・列車に乗るときは窓の方を向いて正座していた——これは、景色を見ると答がひらめくから。
・ネクタイを締めない——これは、交感神経が締まって頭が回らなくなるから。
・晴れの日でも傘をさして長靴を履いていた——これは、革底の靴は頭に響くので頭に良くないからだ、とか。

他にも、公園で大声で歌ったりとか、自分がやりたいと思ったときにやりたいことをやるのがモットーだったようで、何ものにも縛られることなく、常にひらめきが起きやすい状態をキープされていたことがうかがえます。

いずれにしも、苦難の人生を歩まれた岡潔先生ですが、霊性開花の観点から見てとりわけ注目すべき点が、岡先生が京都大学で講師を務められていた当時、学生だった湯川秀樹先生や朝永振一郎先生を教えている点です。

朝永先生は、湯川先生に続いて量子電磁力学の発展に寄与した功績によってノーベル物理学賞を受賞されていて、なんと、岡先生の教え子の中から二人のノーベル賞受賞者が輩出したのです。

朝永先生は後に、「しかし、この退屈な教室の中にも、沈滞の中にもときどきふき込んで人々を生きかえらせる冷風のように、新鮮な空気のただよう時間もあった。それは岡潔先生と秋月康夫先生の数学演習の時間であった」と回顧されています（講談社文庫『わが師わが友』より）。

また、湯川先生も、他の授業はまったく面白くなくて学校へ行かなかったが、岡潔先生の授業は面白かったのでよく聴きにいっていたという話です。

ところが、京都大学側は斬新な考え方の岡先生と数学上の意見が合わず、結局、岡先生は大学をクビになってしまいます。その後の人生は前述したとおりですが、岡先生は世界的な数学者というだけでなく、随筆も多数執筆し、日本の将来を案じた思想家としての側面もあり、まさに「霊性の人」と呼ぶにふさわしい方でした。

とりわけ、岡先生の独自性は、現代人が価値を置く「論理」の危うさを指摘するとともに、古くから日本人が大事にしてきた「情緒」（情）の価値をとても重視していた点です。

「数学とは、自らの情緒を外に表現することによって作り出す学問芸術の一つである」と述べるなど、数学という分野を情緒という観点から展開した独自の世界観は、数多くの著名人や一般読者に大きな衝撃を与えたのです。

文芸評論家の小林秀雄との対談（『対話　人間の建設』）の他、松下幸之助や石原慎太郎など著名な企業家や作家などと対談を行い、その他にも分野を超えた幅広い交流を続けられました。

岡先生の著書『春宵十話』（角川ソフィア文庫）に解説を寄せている思想家の中沢新一氏は、松尾芭蕉の「秋深き隣は何をする人ぞ」を引用して、「それが岡先生のいう情緒だ」と指摘しています。

「隣も私もカサコソという音に耳を傾ける。常に隣に耳を澄ませながら縁起の無限連鎖の中でつながっている。そういうつながりの中で宇宙ができていると考えている人だ」と。

混じり気のない真情こそ、人の心の一番底にある霊性である

岡先生のいう「情」とは、心から知や意を除き、さらに無数の不純物を除き去って最後に残っ

たまったく混じり気のない情で、これを「真情」と呼び、この真情こそが心の中核であると述べています。

さらに、この混じり気のない一番底の心のことを、「霊性」と捉え、こう述べています。

「始めに霊性という心があるのである。この心は一面共通で、一面個々別々である。時間も空間も、自然も、人の世も、五尺のからだという自分もみなこの心の中にある」（成甲書房刊『日本の国という水槽の水の入れ替え方』より）。

これは、素領域と素領域の間、すなわち完全調和の世界を連想させます。

また、仏教の唯識論を研究された岡先生は、唯識論では第一識から第九識までしかないのに対して、さらにその奥に第十識〜第十二識としてあるのが本当の心であり、それが真情の世界であるとも述べています。

僕はこの本当の心＝霊性、真情の世界＝完全調和の世界と解釈できるのではないかと思います。

なぜなら、別の表現では「空間には情のような粒々があり、その中に物質が詰まっていて、その情と情の作用が愛である」などとも述べられているからです。

ようするに、粒のような領域と領域の間には隙間があって、そこに「神」や「如来」と呼んでもいい完全調和の世界があるということです。

岡先生は、それを「諸仏」や「天つ神」などの別の言葉でも表し、「大宇宙は天つ神々の悲願があるがゆえにある」と断言されています。

こうした観点から、情を失いつつある日本及び日本人に対して、早くから警鐘を鳴らしていた岡潔先生は、世界的な数学者であると同時に、偉大な霊性の人でもあったのです。

素領域理論は湯川先生の師であった山本空外上人との交流から生まれた

「大宇宙は天つ神々の悲願があるがゆえにある」

これを言い換えると、宇宙の背後にある間《ま》の働きこそ、まさに神さまの悲願であり、宇宙・自然の森羅万象は、その神さまの願いによって成り立っている、といってもよいかもしれません。

さらに、岡先生はこうも述べています。

「天つ神々が日本民族を操ってきたから今まで滅びずにきた。滅亡の危機に瀕している人類を救うためには天つ神々の数を増やし、その悲願の量を増やすしかない。そのためには、自粛をし、教育を改め、祭政一致の政治をし、正しい文化を建設することが急務である」と。

そしてそのために、「大宇宙の心そのものである本当の心を取り戻せよ！」と喝破されていた岡先生の心眼の鋭さは、まさに霊性開花していたがゆえでしょう。

岡先生の著書が次々に復刊し、研究家の本も相次いで出版されるなど、岡先生の思想が死後四十年以上が経過した今も人々の心を引きつけるのは、一人でも多くの人が内なる霊性を開くように求められている時代だからかもしれません。

そんな岡先生が、帰依していた僧侶がいます。

それは、山本空外《くうがい》和尚と、空外和尚（上人）の師である山崎弁栄《べんねい》上人です。

実は、湯川秀樹先生の素領域理論は、この山本空外上人と湯川先生の個人的な思索の交流によって生まれたものです。

湯川先生が空外上人の弟子になられたのは、岡潔先生の仲介でした。

素領域理論によると、私たちの宇宙空間は完全調和が自発的に破れた素領域と呼ばれる極微の泡が無数に集まってできたもので、その空間を取り巻くように全体としての完全調和の世界がある。

だからこそ、そこにおいては物質ではないはずの霊魂でさえも、物質とまったく同じ理論的枠組の中で論ずることができるわけですが、これは後述するように、空外上人の光明主義（浄土宗光明派）の世界観と相通じるものです。

ようするに、岡先生と湯川先生は学問的な繋がりだけでなく、思想的にも繋がっていて、お二方とも、形而上学の領域をもしっかりと見据えていたのです。

岡先生は、「自分は情緒を数学という形に表現していて、発端と結論がわかっていて中がわからないが、大自然に任せてその理法によって表現する」と述べられています。

これは、仮死（変性意識）状態になって完全調和の世界に入り、そこで様々な数学的真理を見てこられた、つまり一度あの世に行って真理を垣間見て、目覚めたときに数学上の偉大なひらめきがあったことを指しているわけですが、僕はこの「真理を見てくる手法」こそ空外上人から授かった秘儀であったと見ています。

つまり、岡先生の数学上の偉大な発見は、自分の頭の中で編み出したものではなく、無意識状態で得た宇宙の背後にある完全調和の世界からの贈り物だったのです。現にご親族によると、岡先生は一番長いときには二週間ほど寝たりきりで意識のない状態があったそうです。

まさに、真理は無意識の世界、完全調和の側からやってくる。だから、岡先生はいつも枕元にノートと筆記用具を置いていたそうです。

このような岡先生と似たような体験をしている人物に、三十二歳の生涯で３２５４個の公式を発見したインドのラマヌジャンという数学者がいます。

彼の家は貧しかったので、ノートも買ってもらえず、地面に思いついた数学の公式をつらつらと書ていたそうです。

しかし、その内容が地元の数学の先生でもわからないような難解な公式だったため、当時イギリスの高名な数学者ハロルド・ハーディに伝えたところ、どうしてそんな公式が発見できたのかと驚き、ハーディはラマヌジャンをイギリスに呼び寄せます。

ところが、イギリスに行ったものの、それまで浮かんでいた数学の公式が浮かばなくなってしまいます。ハーディが「なぜか？」と問うと、ラマヌジャンは「寝ている間、夢の中で公式を教えてくれたのはインドの女神だから」と答えたというのです。

つまり、岡潔先生と同じように、ラマヌジャンも完全調和の側の霊的存在から普通の人間が思いもつかないような高度な普遍的真理を教えてもらっていたのです。

この実話は『奇蹟がくれた数式』という映画にもなっていますが、ラマヌジャンが残したどの公式も高名な数学者がいくら頭で考えても導き出せないほど高度で難解な公式であることから、あの世の側の霊的存在から伝授されたのは間違いないでしょう。

あの世に行って「真理を見てくる方法」は湯川先生にも伝えられていた⁉

他にも、夢やインスピレーションによって歴史上の偉大な発明・発見をした科学者たちの例は枚挙にいとまがありません。いずれにしても、無意識の世界、岡先生のいう第十識以上の世界と繋がることができたときに、そのような天啓がもたらされると考えられます。

岡先生の場合は、自身の体験がなぜ起きるのかを見極めるために空外上人に師事し、そこであの世に行って「真理を見てくる方法」の指導を受け、それが湯川先生にも伝えられたに違いありません。

岡先生が空外上人を紹介したのも、湯川先生に霊性開花の火種を見たからでしょう。

ということは、湯川先生の素領域理論は、形而下学の基礎理論として生まれたものである一方で、岡先生が情や愛と呼んだ世界観、さらに空外上人の世界観と融合一致していたと考えられます。

すなわち、湯川先生ご自身も、物理法則としての霊性を体現されていた。それを裏づけるようなこんなエピソードがあります。

これは、安倍晴明の流れをくむ天社土御門神道を阿部山にて斎行されている畑田天眞如さん（天眞如教苑主）から直接聞いた話です。

天眞如さんが京都で行われた講演会で、「人間の心というものには不思議な力があって、例えば山向こうで友人が困難な状況に陥って助けを求めているときには、それを察知することができるんです」などと話したそうです。

すると突然、聴衆者の中にいた大学の教授らしき男性たちから、「そんな非科学的なことを言って世を惑わすのはいかん！」「絶対にそんなことはあり得ない!!」などと激しい口調でいちゃもんをつけられます。

公演後、傷ついて落ち込んでいた天眞如さんのもとに、会場にいた一人の老紳士がやってきて、やさしく声をかけてくれました。

「あなたが話されたことは本当のことですから、何も気になさることはないですよ。あの二人は、かわいそうにまだそれがわかっていないだけです。どうか許してやってください」と。

老紳士の名前を聞けなかった天眞如さんが、後で講演会の主催者に尋ねたところ、「あの方は、ノーベル賞を取った湯川秀樹博士ですよ」と教えてもらったそうです。

この湯川先生の発言からも、霊性の人であったことが伺えます。さらにもう一つ、湯川先生が霊性を開かれていたことを物語るエピソードを紹介しておきましょう。

湯川先生がノーベル賞を受賞されてから、アメリカのオッペンハイマー博士から客員教授として招かれたプリンストン高等研究所でアインシュタイン博士らと出会った頃の話です。

アインシュタイン博士は、湯川先生と出会ったとき、「原爆で何の罪もない日本人を傷つけてしまった……どうか許してください」と言って湯川先生の手を握りながら涙ながらに訴えたという事実はよく知られています。

アインシュタインは、ナチスの迫害を受けてアメリカに亡命したユダヤ人で、彼はヒトラーが原爆の開発に着手したことを知って危機感を持ち、一九三九年、ルーズベルト米大統領に対して「絶対にドイツより先に核兵器を製造せねばならない」と進言したことを深く後悔し、贖罪意識にさいなまれていたのです。

同じように、原爆開発の総監督であったオッペンハイマー博士も贖罪意識があり、それと湯川先生が当初専門誌に発表しようとした中間子論の掲載を拒否した贖いの気持ちが、湯川先生をプリンストン高等研究所に招聘した理由であったようです。

霊性を開いた人は、天上界の種を人の世に新たな文化として花開かせる

その「原爆の父」と称されたオッペンハイマー博士に、湯川先生が空外上人の話をしたとこ

ろ、オッペンハイマー博士は大変興味を示し、湯川先生の帰国に伴って一緒に日本にやってきます。

そしてそこで、彼は空外上人に弟子入りを懇願したのです。

空外上人は、「あなたの気持はよくわかる」と言いながらも、「私が到達したこの世界観、この手法の本質は日本人でないと理解できない。あなたがどんなに努力をされたとしても、それはあくまで西洋的な論理の延長線上のものであって、本当の理解ではない。大変申し訳ないが…」との理由で、弟子入りを断わられます。

その言葉を受けたオッペンハイマー博士は、空外上人の深い意図をくみ取って、「理解できると思っていた私が未熟でした」と弟子になるのを諦めたそうです。

論理思考では、到底理解できない世界。岡先生によると、論理を超えた第十識までの深い領域にいるのが日本人だそうで、それを示した岡潔先生の文献があります。

それは岡先生が最晩年、原稿を書き上げたもののゲラ（校正紙）の段階で亡くなられたために出版されなかった『春雨の曲』という未完の作品です。幸運にも、僕はその原稿のゲラを見せていただくことができたのですが、その中には、独自の唯識論に基づいた次のような記述がありました（以下、『春雨の曲』より）。

造化は各人の無相界に種を蒔くのです。この種は有相界に芽生えて生長して開花します。ここまでは第十識以下にいる人には全くわかりません。からだ（第十二識以下）をつけている人は大脳前頭葉に造化が放送してくれたものだけがわかるのであって、第十識以下にいる人には造化は開花しなければ放送しないからです。

開花すれば造化は放送します。そうするとそれがその人にわかって、これがきっかけとなって世の中に文化の花が一つ咲くことになるのです。この花は先ず其の人の心に咲くのですが、何処に咲くのかと云いますと、第十二識と第十一識との境界上の世界に花咲くのです。西洋人の場合は、第七識と第六識との境界上の世界に花咲くのです。

天上界に咲いた花々は、第十二識にいる人には認識即ち知ることはできないが無意識的無相的にはわかるのです。第十二識の情景は詩人は人の世の言葉で表現します。（中略）

この第十二識の有様は雰囲気として人の世に傳はります。そうすると人々はそれぞれの方法で文化的活動を始めます。（中略）

この文化活動は人々は大脳前頭葉を使ってするのですから、人々は今いる識の高さによって第十一識或は第十識或はそれ以下の識と云う云はば水面に第十二識と云う云はば空中の風景を映写《うつ》して、それを見てするのです。其の人が今いる識を云はば水面として撰ぶのです。

それで真の文化活動はすべて第十二識の文化と云う云はば空中の風景が第十一識という水

面に映った云はば景色を見てするのです。

この文章から、第十二識とは霊性を意味していて、霊性が完全に開いている人は、天上界、すなわち完全調和（間）の世界の働きを感受しながら素領域というひな型を作り替え、人の世に新たな文化潮流をもたらす、と解釈できます。

空外上人の偉業に感銘した展示会

岡先生が師事し、湯川先生も弟子入りした山本空外和尚（上人）とはどのような人物だったのか？

ふり返れば、二〇一八年三月、僕は、今の事務所がある東京の白金に出てきてからちょうど一年が経った年に「山本空外上人展」を見にいく機会を得ました。

そこで改めてわかったのは、空外上人は、広島での被曝体験によって世界的に高名な哲学者から浄土宗の僧侶へと転身した大思想家であったということと、その影響を強く受けた弟子に、これまた共に世界的な業績を誇る数学者・岡潔と理論物理学者・湯川秀樹がいたということでした。

元々、この偉大な先生方に傾倒してきた僕としては、心のヒーロー二人が貴重な教えを授かってきた山本空外和尚という人物についても興味があったのですが、図書館にこもって著書を読みあさるという真面目なやり方は性に合いません。

それよりも、空外上人の偉大な業績やお人柄について熟知したお弟子さんたちが簡潔にまとめて下さったものをサッと見るのが、手抜き上手な僕には相応しい。そう信じて時期を待っていたところ、チャンスが意外に早くやってきた――それが「山本空外上人展」だったのです。

資料によると、空外上人は、明治三十五年（一九〇二）九月十三日広島市で出生。

すでに高校時代に、自己とは何かの問題の解決に生死をかけ、弁栄上人の指導によって念仏三昧を成就して、霊性の世界に覚醒。

旧制東京帝国大学（現東京大学）文学部入学、哲学科を首席で卒業し、その後、広島文理科大学の教授に就任した後、地元広島で被曝し、学生や同僚教授などが多数死亡したことで二十世紀の知性の敗北を痛感し、昭和二十年京都知恩院にて浄土宗の仏門に入り、大学教授を退官してからは、隠遁の念仏生活を送られたそうです。

展示物の中で視界に入ってきたのは、空外上人の素晴らしい書の数々でしたが、中でも一番に目に飛び込んできたのは、横一文字に漢数字「一二三四三二一」が並んだ勢いのある書で、明らかに「いのち」「宇宙」「すべて」を表すものだと直観できます。

そして、空外上人と岡先生の交流を示す展示は、天才数学者岡潔の人となりを彷彿とさせる一本の掛け軸であり、そこに記された「幽遠」という文字にもまた、大思想家空外上人による「一二三四三二一」に匹敵する奥深さが秘められています。

和紙の中央ではなく、右上に詰めて書き下ろす筆の運びは、お茶目な一面としてよく紹介される「犬といっしょに飛び上がった岡潔」の写真での岡先生の心意気そのものではないでしょうか。完全に脱帽です。

こうして素晴らしい展示を拝見し、湯川秀樹と岡潔という日本を代表する二人の学者を陰から指導しておいでだった山本空外和尚の偉業に感銘することができました。

人と人のあいだに間《ま》があってこそ人間となる

京都知恩院には、山本空外上人の墓所があり、その墓所の背面には、湯川秀樹博士のお墓があります。

このお二方の共通の思いは、世界の平和を強く祈願されたことでした。湯川先生は、アインシュタイン博士とともに核兵器出現を憂い、「ラッセル・アインシュタイン宣言」に署名され、スミ夫人やアインシュタインたちと核兵器を廃絶し、平和な世界をめざす「世界連邦」構想を説き続けられました。

そのことは、おそらく今でも科学者たちの心に深く刻まれているはずです。

空外上人は四十二歳で被曝し、二十世紀の知性の敗北を痛感し、九死に一生を得て爆心地で救護活動に専念するという体験をされています。

そしてそれ以降、「罪のない大勢の人を殺す戦争のあるかぎり、人間とはいい難い、人間が人間になっていくためにはどういう心がけが必要か」という観点から、「無二的人間形成」に取り組んでこられました。

それは、いかなる人も孤立したものとしては成立せず、必ず他のものに依存して存在しているという仏教の縁起の法に基づく考えで、自他共に生かしあうことによって平和で幸せな生活がもたらされるということです。

この「無二的人間形成」は、「人と人のあいだに間《ま》があってこそ、人は人間となる」というようにも解釈できるのではないかと思います。

わかりやすく述べるならば、すべてのことは「お陰さま」、すなわち宇宙の背後にある間（神さま）の働きであり、自分の手柄で何かができたということは何ひとつないということです。

仏教では、それを如来の光、無量寿、無量寿光如来、無量寿光仏などというそうですが、湯川先生の戒名も「無礙光院殿照誉慈済秀樹大居士」で、この無礙光は無量寿経の中にある「十二光」の一つだそうです。

一方、空外上人の戒名は「通蓮社達誉上人法性阿行行一者空外大和尚」で、この中の「一者」とは、エジプト人の哲学者プロティノスが神と同一視したもので、「一なるもの」（ト・ヘンto hen）と呼ばれ、「阿弥陀仏」を意味しているのだそうです。

お二方とも、生命の根源、宇宙の背後にある物理法則そのものに生かされていることを実感されていた霊性の人であったことを示すような戒名です。

空外上人は、次のような言葉も遺されています（『いのちの讃歌』山本空外講義録より）。

阿弥陀さまというと、このわたくしが死んでもそれは阿弥陀さまの働きであることに間違いない。それを超越という。わたくしが死んだから阿弥陀さまも死ぬというわけにはならない。阿弥陀さまとは、大自然のいのちの根源をいう。

その阿弥陀さまのいのちから花も咲き、鳥も飛んでいる。雨が降れば自分もその降った雨を飲める。わたくしたちが寝ていても、心臓はまわっているのは阿弥陀さまのおかげです。自分の力でまわすことはできない。それを超越という。

内面を掘り下げていくと、心の奥は大自然のいのちに接している。つながっているからわれわれが寝ていても、心臓はまわっている。自分がまわすことはできない。お金をたくさん持っていなさる人でも、そのお金の力でまわすことはできない。

われわれ一人ひとりのいのちの奥底が、奥といっても何も空間的な奥じゃない。時間、空間というのは現象の形式であって、もう一つ奥にいのちが動いている。絵や字を画くのでもそのいのちの動きを画かなければ、本当の絵や字にはならない。人間の仕事はみんなそうです。それを光という。光といっても、電気の光のようなのをいうのじゃない。

岡潔先生が「釈尊の再来」と賞賛した山崎弁栄上人

岡潔先生が師事された山本空外和尚の師が山崎弁栄上人で、岡先生は、弁栄上人のことを「釈尊の再来」と賞賛されています。

岡先生の奥様が先に弁栄上人に帰依したのがきっかけで、弁栄上人の念仏修行はお二人の心の支えとなり、また岡先生の戦後の世界的数学問題の解決を論文にする助けにもなっていたようです。

弁栄上人は、『日本的霊性』の著者で世界的に著名な鈴木大拙よりも以前に、誰よりも先んじて「霊」や「霊性」を中核に据えて、仏教の範囲を超えて、哲学、科学、キリスト教まで視野に含んだ体系的な思想を築いた霊性開花の偉人です。

ところが、あまりにその世界観（光明主義）が当時の哲学や宗教の範疇を超えていたがゆえに、正当に評価されることはなく、その名が知られるようになったのは、弟子であった空外上人や岡先生らの著述によります。

弁栄上人が生まれたのは、一八五九年（安政六年）で、キリスト教無教会派の内村鑑三や岡倉天心、夏目漱石らとほぼ同時代に生きた方です。

二十一歳で出家し、浄土宗の僧侶だったのが、五十五歳のときに自らの宗門、光明主義を樹立。求道者として、何かに導かれるように釈迦が悟りを得たインド・ブッダガヤを訪れ、また広く日本中を練り歩いた布教者であり、独自に体系的な思想を樹立した思想家、そして書と絵を遺した芸術家の側面も持ちあわせていたそうです。

弁栄上人の光明主義とは、十二光と呼ばれる如来の光明によって衆生が救われるという考えで、無量光仏、無辺光仏、無礙光仏、無対光仏……等々、それぞれ十二の仏の光ごとに働きが異なり、それらすべてが万物万象を生かし、人を救済する慈悲であると捉えます。

そして、それまで仏教における仏性を「霊性」と呼びかえるとともに、神や如来のことを、無尽の愛を無差別に分け与える「大霊」「みおや（御親）」などと表現し、霊性について次のように述べています（以下、『人生の帰趣』より）。

・大霊たる如来を求める衝動が霊性である。
・神と如来は宇宙大霊体の代表的人格現にして即ち大霊である。人は宇宙の一分子にて小霊である。
・霊性は本来各自具有している。
・霊性はもと宇宙大法の本体なる法身より分出せられたる法なれど霊性開発は大法に順《したご》うて自我を充実せしめ生を充実し真義を顕示してみおやの全きが如く完きを求め真善微妙の心霊界を顕示するにあり。

この弁栄上人の言葉を、僕なりに現代風に解釈すると、こんなふうになります。

・人間が超越的な神仏を求めるのは、霊的な衝動、すなわち霊性に他ならない。
・なぜなら、神や仏は完全調和の側の存在そのものであって、私たちはその分霊《わけみたま》だからである。
・それゆえ、人は誰でも内なる霊性（神性・仏性）を持っている。

・霊性は、完全調和の世界が自発的対称性の破れによって生じせしめた作用である。
・私たちが内なる霊性を開花するためには、宇宙の背後にあるその物理法則に従い、まことの心（真心）をもって自我や煩悩を抑制し、完全調和と響き合う自由で美しい生き方をするのが望ましい。

内なる霊性とともに生きてきた日本人と日本の霊的中枢の地

弁栄上人、空外上人、岡潔先生、湯川秀樹先生らの世界観（宇宙観・人生観）に通底している光明主義とは、仏教の一宗派でありながらも、実はキリスト教とも相通じる普遍的な世界観です。

これを僕なりに言い換えると、光明主義とは、宗教宗派を超えた唯一の神（あの世の光）、すなわち完全調和（間）の世界との一体化、換言すれば、神さまへの全託を信仰の柱とする霊性主義といえるのではないかと思います。

これは、宇宙の背後にある普遍的な法則や、最も美しい第一原理を追い求める科学者たちが、最後の最後に到達する領域なのではないか……少なくとも僕はそう感じています。

つまり、岡先生も湯川先生も陰の物理法則としての「神の姿」を見たわけで、アインシュタインが「宗教なき科学は不完全であり、科学なき宗教は盲目である」と断じた真意もおそらくそこにあったのではないかと思います。

これはある意味、高い次元における科学と宗教の一致であり、岡先生も述べていたように、古来より日本人は、この論理を超えた情緒に敏感に感応しながら、常に内なる霊性とともに生きてきたように思われてなりません。

おそらく、それが成し得られたのは、霊性と密接に関係している日本列島の湿潤な風土と、祭政一致を旨とする天皇という霊的存在が、一貫してこの国に存在し続けてきた歴史のたまものなのでしょう。

また、拙著『願いを叶える「縄文ゲート」の開き方』（ビオ・マガジン）では、日本的霊性のルーツは縄文時代であることを示しましたが、ここでは、一般にはほとんど知られていない日本の霊的な中枢の地にまつわる話をお伝えしておきたいと思います。

山口県の柳井・田布施という地域にある、お寺で聞いた話です。

それによると、なぜか湯川秀樹先生が内密にこの柳井の地を度々訪れていたそうで、湯川先生が宿泊された旅館には確かにその記録が残っているそうです。

湯川先生がなぜ柳井を何度も訪れていたのか？　その理由については誰も知らないようですが、おそらく、空外上人のもとを訪れた足で立ち寄っていた可能性が高く、また晩年尽力されていた世界平和の啓蒙活動とも関連があるであろうことは想像に難くありません。

いずれにしても、この柳井・田布施地域は、寺のご住職によると霊的にも《特別な場》のようです。

というのも、瀬戸内海に面しているこの地域は、東に鳴門の渦があるのに対して、西側にあたる当地の海でも一日に一回だけ潮の満ち引きによって渦が起きることから、とても航海が難しく、昔から龍宮伝説があるのです。

僕がご住職から聞いたのは、当地における悲運な運命を辿った般若姫の伝説と、熊毛王による縄文王国の話です。般若姫伝説とは、あくまで後の大和朝廷側の言い伝えによるものですが、簡単に述べるとこのような物語です。

あるとき、欽明天皇の第四皇子、橘豊日尊《たちばなのとよひのみこと》と契りを結ばれた般若姫が柳井にやってくることになり、多くの家来と大船小船１２０隻を用意して、一行は臼杵《うすき》の浦を出発します。

ところが、平群島（周防の国）近くにさしかかると突然嵐になって、船は熊毛の浦（豊後の国）に吹き流されてしまい、さらに１２０隻はちりぢりとなり、多くの船が沈没。

それは、以前長者に池を潰された金龍神による怒りの嵐でした。そこで、般若姫の一行はしばらく浦に船をとどめ、行方不明になったお供の者たちを捜しましたが、多くが遺体となって見つかりました。

姫は大変嘆き悲しんで、「私は、こんなにたくさんの者たちの命を犠牲にしてまで、皇后になりたいとは思いません」と、まだ見つからないお供を捜してほしいと言い残し、「かりの世に何歎くらんうき船のいずくを宿と定めおかねば」とくり返し詠じたあと、渦巻く大畠の瀬戸に身を投げてしまったのです。

侍女たちも姫の後を追うように飛び込み、驚いた船人たちが慌てて救い上げたものの、姫は衰弱する一方でした。そして、「二度とこの場所でこのようなむごい事故が起こらないよう、瀬戸の守り神となります。私の亡骸は向こうに見えるあの山に葬ってください」との言葉を残し、息をひきとったのです。

家来たちは大変悲しみ、姫の遺言どおりに向こうに見える山（今の山口県平生町神峰山）の頂上に埋葬しました。欽明天皇二十八歳、般若姫十九歳の春のことです。

この般若姫の鎮魂のために神峰山に建てられたのが、そのお寺だそうです。

そしてさらに遡れば、この地には縄文時代の一大王朝があったのです。

政治のみならず霊的中枢でもあった柳井・田布施を度々訪れていた湯川博士

お寺のご住職によると、柳井・田布施地域には、縄文時代に熊毛王という人物がいて、一大王国（王朝）を築いていたそうで、実際に今も縄文遺跡が残っています。

そして、この話はほとんど知られていませんが、熊毛王は渡来系の弥生人と戦って破れたものの、勝者側の大和朝廷の人たちは、熊毛王の霊力による怨念を怖れて丁重にその御魂を祀り、それは大和朝廷以降、今でも続いているというのです。

縄文というと東北地方がメインのように思われますが、それ以前から西の縄文王朝（西のアラハバキ）が存在していた。彼らが渡来人の進行の壁となり、熊毛王によって九州北部から今の山口県一帯の広大な土地が護られていたのです。

その証拠に、日本の歴代の総理大臣は山口県の出身者が多く、熊毛王の許しを得た者でなければ、日本の統治者になれないという言い伝えがあるのです。

現に、山口県からは初代総理大臣の伊藤博文をはじめ、山県有朋、桂太郎、寺内正毅、田中義一、岸信介、佐藤栄作、そして現在の安倍晋三など全国最多の八人の総理大臣が出ており、また、山口県は総理大臣の通算の在任期間が全国最長の県です。

これは、明治維新を画策した柳井・田布施システムなどとも呼ばれますが、この地域に湯川先生が何度も訪れていた事実、そして、天照皇大神宮教《てんしょうこうたいじんぐうきょう》や神道天行居《しんとうてんこうきょ》といった神道系の二つの宗教団体が建立されていることなどからも、この地域は、政治のみならず、日本の霊的な中枢としても機能してきたことが伺えます。

いずれにしても、晩年、誰にも知られずに幾度も柳井・田布施を訪れ、世界平和を祈念していたであろう湯川秀樹先生は、最期まで霊性の人であったことだけは疑いようがありません。

パートV　霊性を開花した偉人たちに学ぶ

あの世とこの世を行き来していた科学者スウェーデンボルグ

霊性を開花した日本の先人たちについて触れたので、ここで少し世界に目を転じてみましょう。

十八世紀、カントやゲーテ、ドストエフスキーなど多数の著名人に影響を与えた神秘主義の大家であり、自然科学者でもあったエマヌエル・スウェーデンボルグもみごとに霊性を開花していた人物です。

スウェーデンボルグは、晩年、幽体離脱した状態（変性意識状態）で何度も霊界を訪問し、その様子を厖大な書物に著したことは前述しましたが、若い頃には貴族院議員を務めたり、また鉱物学や生物学などの自然科学も修めていて、後半生を神学者として活動し、内村鑑三や仏教学者の鈴木大拙、ヘレン・ケラーなど数多くの人たちに多大な影響を与えました。

そんなスウェーデンボルグの霊能力が開花したのは、五十歳代に入ってからのことです。最初はあるはずのないものが見えたり、予知ができるようになって困惑したものの、霊や霊界の存在を受け入れてからは天使などの神霊を幻視するようになりました。

一七四五年四月、ロンドンにおいて彼はキリストを幻視しています。そのとき、キリストはスウェーデンボルグに向かって、「人々に聖書の霊的内容を啓示するためにあなたを選びました」と告げたといわれています。

こうして、スウェーデンボルグはたびたび幽体離脱をしては霊界へ赴き、その探訪の体験を『天界と地獄』などに書き記します。彼が見てきた霊界には、自然界とは別の「霊的な太陽」があって、霊的な太陽の光によって天人や霊人などすべての存在が生かされていたそうです。

僕は以前、マンガ版『スウェーデンボルグの霊界からの手記』を読んだことがあるのですが、その頃にはまだ確信が持てませんでした。

ところが、僕がノートルダム清心女子大学教授に就任してから、終戦後の一九四八（昭和二十三）年に、ヘレン・ケラーが僕のいた大学を訪問したときの資料が残っていて、それを読んだのがきっかけでヘレン・ケラーに強い関心を持ち、ヘレンがスウェーデンボルグの影響を受けていたことを知りました。

そのときのヘレン・ケラーの来日目的は、それまで敵国であった日本のシスターたちを勇気づけることだったようですが、なぜ視覚と聴覚の重複障害者であった彼女がそのような勇気と愛ある行動をとることができたのか？

僕はそれが気になって、ヘレン・ケラーに関する本を何冊か買って読みました。そこで、ヘレンとスウェーデンボルグの間に意外な繋がりがあったことを知ったのです。

三重苦だったヘレン・ケラーとスウェーデンボルグの繋がり

ヘレン・ケラーは「見えない・聞こえない・喋れない」の三重苦で、彼女を支え続けた援助者がサリヴァン先生だったことは、誰もがよく知る話でしょう。

ではなぜ、ヘレンの家庭教師としてサリヴァン先生に白羽の矢が立ったのか？

ヘレンの父親は、娘の教育のことを電話を発明したグラハム・ベルに相談しています。そこで、ベル博士が、「三重苦の娘さんを教育するのは容易なことではない。しかし、この方々なら可能だと思うので、ぜひ彼らに会ってみては」と紹介したのが、ベル博士が電話の発明で得たヴォルタ賞金で設立したヴォルタ局のジョン・ヒッツ局長でした。

そして、そのヒッツが、十三歳のヘレンにスウェーデンボルグを紹介しているのです。それまで神の愛と物質世界との関係がはっきりつかめずに悩んでいたヘレンは、スウェーデンボルグの世界観に触れてそれまでのキリスト教に対する疑問が解消したことから、スウェーデンボルグに傾倒していきます。

『天界と地獄』という本を貰って読み、すっかりその思想に魅せられたヘレンは、スウェーデンボルグの考え方をもっと研究したいと思いヒッツに頼み、ヒッツはヘレンの役に立ちそうなものを点字に打って彼女に送る——そんな二人の霊的な交流がヒッツが亡くなるまで続いたのです。

こうしてヘレンは、内なる声を聴くことで生き抜く力を得ていきました。

つまり、ヘレンにとっての恩師は、サリヴァン先生とスウェーデンボルグを仲介してくれたヒッツの二人なのです。

後はご承知のとおり、自身も失明経験があったサリヴァン先生が、世界のすべてを指文字で通訳しながら、決して諦めることなく、ヘレンと向き合いながら「しつけ」「指文字」「言葉」を教え、その結果、絶望視されていた「話す」ことがついに可能になります。

ヘレンを支えたのは、サリヴァン先生の愛とヒッツの愛、そしてスウェーデンボルグに共通していた霊性のたまもので、これぞまさに完全調和の愛の力、間の働きです。一般に語り継がれているような二人の努力だけでは、どう考えてもそのような奇跡は起きなかったはずです。

後に「奇跡の人」と呼ばれるようになったヘレンは、天賦の才を開花させ、名門であるラドクリフ大学に入学し、優秀な成績で卒業してから自分に与えられた使命が障害者の救済にあることを自覚し、著述と講演を精力的に行うようになります。

そして、一九六四（昭和三十九）年九月十四日には、ジョンソン大統領から米国で最大の名誉である「自由勲章」を授与されています。

「奇跡の人」の物語では、ヘレンとサリヴァン先生だけが注目されますが、実はその陰には霊性開花していたスウェーデンボルグという偉大な存在があったのです。

後年、ヘレンはスウェーデンボルグについて次のように語っています。

「私は十六歳のときからずっと、エマヌエル・スウェーデンボルグが世界に与えた教説を強く信じてきた。意見や議論に対してよりも、内なる声に傾聴するように人々に教えることが彼の使命であった。私は尊敬の念をもって聖書を長年学んだのち、私の闇を光に変えた信仰は、私が今まで気づいているよりもっと、スウェーデンボルグに負うところが多いのではないか、と感謝しつつ思うのである」（『真のキリスト教』へのヘレン・ケラーの序文より）

「スウェーデンボルグのような哲学者の教えや世界の偉大な思想家たちの理想に対して無関

心である程度に応じて、それだけ現代の文化は失敗している」（未来社刊『私の宗教』より）

このヘレン・ケラーの『私の宗教』は、恩師のサリバン先生とスウェーデンボルグの思想に基づいて、生きることの真実性や実感、愛と美の本質、そして存在の根源についてわかりやすく述べられていて、スウェーデンボルグの著書よりも平易な内容になっています。

原著ではなく、邦訳本ですが、とても重いハンディキャップのある人物が書いたとは思えないほどすばらしい内容です。ヘレン・ケラーの霊性の豊かさを感じると同時に、スウェーデンボルグが単に霊能者というような小さな枠では括れない、極めて偉大な科学者であり、思想家であることがひしひしと伝わってきます。

ヘレン・ケラーが、戦後の動乱期に日本のシスターたちの慰安のためにはるばるアメリカからやってきたのも、彼女の霊性が開いていたからこそで、ヘレンが歩んだ奇跡的な人生を知るにつけ、霊性にはいかなる困難をも乗り越える力が宿っていることがわかります。

霊性に基づく信念で戦った上杉謙信、神さまへの全託を貫いた徳川家康

歴史上、偉大なことを成し遂げた人物の必要条件、それは霊性を開くこと。それは、この世の権力や物質的な力による支配とはまったく次元が異なるものです。

霊性を開いてこそ天が味方をする。霊性によって間（神さま）の力を引き出すことで奇跡的な偉業が成し遂げられるわけで、過去、偉人・聖人と呼ばれてきたような人々は、誰もがそのような生き方をしています。

例えば、ゲーテやダンテ、シュタイナーやエドガー・ケイシーなどはもちろん、そのような魂の英雄は、偉大な科学者や思想家、宗教の開祖や芸術家といった人物だけでなく、日本の武将や軍人などにも見られます。

例えば、戦国武将の上杉謙信。

甲斐一国の大名・武田信玄が、領土拡大のために信濃へ侵攻。信濃の国人・村上義清は土地を追われ、義清が助けを求めたのが越後の大名・上杉謙信でした。

信玄と謙信の川中島の戦いは五度に及ぶものの、決着はつかず、この後、信玄は同盟相手の今川氏を裏切ったことで塩の輸出を禁止されるという経済制裁を受けてしまいました。

これを救ったのが謙信で、世に有名な「敵に塩を送る」エピソードです。謙信との約束を破ったり、何度も信濃に攻め入る信玄に対して、謙信は義を重んじて生活に欠かせない塩を送り、信玄の死に際しても涙を流してその死を嘆いたといわれています。

戦国時代の最強の武将といわれた謙信は、自分のことを戦いの神様である「毘沙門天の生まれ変わりである」と信じ込んでいて、毘沙門天のマントラ「オンベイシラマンダヤソワカ」を何度も唱えていたそうです。

また、本人のみならず、謙信の部下や敵兵さえも、戦場で『毘の一字旗』『懸かり乱れ龍』などの旗を掲げ天才的な指揮を執る謙信の姿を見て、毘沙門天の生まれ変わりだと信じていたために、敵陣から放たれた鉄砲の弾や矢も謙信の身体をよけて絶対に当たらなかったといわれています。

総大将は命の危険を顧みず、自ら先頭に立って指揮を執らねばならない。謙信がそれを身をもって実行できたのは、心底、魂や輪廻転生を信じ、「我こそは毘沙門天なり！」との信念で戦に参じていたからに違いありません。

これも霊性に基づく神さまへの全託で、だからこそ、弾や矢が当たらなかったのでしょう。

また、誰もがよく知る徳川幕府初代将軍・徳川家康も、そんな天に導かれた人物だったようです。

家康は、岡崎城主松平広忠の長男として生まれ、幼名は竹千代。三歳の頃、実家の水野氏が松平家と敵対していた織田家と手を結んだため、幼少期は母親の愛を知らずに育ちます。

そして、六歳のときに織田・今川の人質となり、織田が「息子の命が惜しくば降参せよ」と再三通告するのに、父・広忠は「人質として一度手放したのだから、我が息子であろうが殺したければ殺せばよい」とそれを突き返し、家康は織田家の菩提寺・万松寺に二年あまり預けられます。その後、成長した家康は桶狭間の戦で岡崎にもどり、織田信長と結んで勢力を拡大します。信長の死後は、豊臣秀吉と対立するが和睦し、秀吉の天下統一に協力。そして秀吉の死後は、関ヶ原の戦で石田三成を破り、対抗勢力の一掃に成功し、征夷大将軍となります。さらに、大坂冬・夏の陣では豊臣氏を滅ぼし、名実ともに天下を統一して幕府の基礎を固めます。

とはいえ、幼少期の辛い時代を耐え抜いた家康自身は、戦において決して勇ましい成果をあげたわけではないし、華々しい生活を送ったわけでもありません。

家康のモットーは、その時々の運命の流れに逆らわなかったことです。その意味において、家康もまた神さまに全託の生き方を貫いた。だからこそ、「我慢していれば必ず道は開ける」という信念のもと、長く続いた戦国時代を終わらせ、２６０年間も続く天下泰平の世を築くことができたのです。

「戦場でも絶対に死なない！」という信念が偉大な英雄を生んだ

次に、現代に目を転じて、海外の軍人の例を挙げておきましょう。

それは、アメリカのブッシュ政権時代のコリン・パウエル国務長官です。彼は軍人としての最終階級は陸軍大将で、政治家としての最高位はブッシュ政権第一期目の国務長官でした。

パウエル氏は、今なお世界中の尊敬を集める伝説の軍人にしてリーダーであり、自著『リーダーを目指す人の心得』(飛鳥新社)の中で、世界のビジネスパーソンが参考にしている「パウエルのルール(自戒十三ヶ条)」を紹介しています。

1　なにごとも思うほどには悪くない。翌朝には状況が改善しているはずだ。

2　まず怒れ。その上で怒りを乗り越えろ。

3　自分の人格と意見を混同してはいけない。さもないと、意見が却下されたとき自分も地に落ちてしまう。

4　やればできる。

5　選択には細心の注意を払え。思わぬ結果になることもあるので注意すべし。

6　優れた決断を問題で曇らせてはならない。
7　他人の道を選ぶことはできない。他人に自分の道を選ばせてもいけない。
8　小さなことをチェックすべし。
9　功績は分けあう。
10　冷静であれ。親切であれ。
11　ビジョンを持て。一歩先を要求しろ。
12　恐怖にかられるな。悲観論に耳を傾けるな。
13　楽観的であり続ければ力が倍増する。

この十三ヶ条だけでも、パウエル氏が信念の人、霊性の人であることがわかります。ジャマイカ移民の子としてニューヨークのスラム街で育ち、史上最年少で米国四軍のトップとなる統合参謀本部議長に就任し、史上初めての黒人国務長官となったパウエル氏は、ベトナム戦争に二度従軍し、二度負傷しています。

それは、彼が司令官として戦場の最前線に立ち、敵の砲弾にも果敢に向かっていき、部下に背中を見せるようにして自ら率先して戦いに臨んだからで、そのため名誉負傷賞を受けるなど「兵士の中の兵士」と賞賛されているのです。

まさに「アメリカの上杉謙信」ですが、なぜパウエル氏はそこまで命をかけられたのか？

それは、彼は両親がジャマイカ移民で、当地のラスタファリ思想（ラスタ）の影響を受けていたようで、ラスタは人間の肉体を神殿と考え、あるがままに敬うべきという信仰があることから、パウエル司令官も「自分はどんなに危険な目に遭っても絶対に死なない」「神殿である私の身体に決して敵の弾は当たらない」という確信があったからだと思われます。

つまり、戦場であっても絶対に死なないという信念がアメリカの偉大な英雄を生んだわけで、これも霊性のなせる業といえるでしょう。

霊性とテクノロジーをみごとに融合した発明家エジソン

次に、霊性とテクノロジーをみごとに融合していた科学者の例を挙げたいと思います。

そう聞くと、スピリチュアルな分野に関心のある人は、「もしかして、ニコラ・テスラ⁉」と思われたかもしれません。

確かに、ニコラ・テスラは、交流電流やテスラコイルなどを開発し、ＵＦＯの推進装置との関連が取りざたされていることなどから、異能の科学者として注目されています。

しかし、ここで取り上げるのは、そのテスラのライバルだったエジソンのほうです。

僕も以前は、エジソンよりもテスラのほうが霊性が開いていたのではと思っていたのですが、実は、エジソンが発明した直流電流のほうが、交流電流に比してエコロジカルで、しかも人体に有害な電磁波も出ないので健康的であることなどから、最近になって、エジソンに軍配を上げるべきではと思うようになりました。

十九世紀の終わり頃、アメリカで新しく造る発電所の電気方式を交流にするか直流にするかという有名な交流直流論争があり、このとき、直流を主張したエジソンは論争に破れます。その結果、新しい発電所はテスラが発明した交流の発電所になり、現在、世界や日本においてもその交流送電が主流となっています。

しかし、実際には、交流電流は電流の向きが常に入れ替わっているため、電流変換の際に大量の電力ロスが生じてしまい、環境に対する負荷が大きく、さらに知らない間に身体にダメージを与え続ける電磁波の悪影響も無視できません。

また、エジソンが発明した白熱電球や蓄音機なども、どこか霊性が関与しているように思います。というのも、エジソン電球は、今のＬＥＤ電球とはまったく違った柔らかさのある明かりで、中のフィラメントの輝きが情感を誘う作用もあることから、最近ではそれがオシャレだとファンが増えているそうです。

しかも、そのフィラメントは当初、日本の竹を焼いたものを使っていました。エジソンは最善のフィラメント素材を探して６０００種以上の素材を実験し、その中で竹の繊維が優れていることを発見。そして世界中の竹を調査し、京都八幡村の竹が最も優れていることを確認すると、この竹を使って実用化に耐える白熱電球を生産し、世の中に送り出したのです。

一方、蓄音機（レコード盤）も、今のデジタル化されたＣＤなどとは違って、アナログ独特の情緒的な音を聴くことができます。蓄音機は、一八七七年に世界で初めて「音」を記録し、再生することのできる機械としてエジソンの手によって発明されたものです。

蓄音機はエジソンが三十歳で発明してから、レコード事業から撤退する八十二歳まで、一番情熱を注いでいた発明品だったそうです。

蓄音機にかけるレコード盤は、音波が盤上を走る溝に記録されており、サウンドボックスの針先でその溝をトレースし、振動板を揺らして音波として再現しています。

僕は最近、知人から真空管のアンプを借りて、同じ交響曲の音楽をレコード盤とＣＤで聴き比べてみたのですが、レコード盤で聴くほうがとても深い味わいがあって、改めてアナログの良さを実感しました。

まるで、演奏者の情景が浮かぶような感じで、これは、単に音の振動だけでは説明がつきません。レコード盤を介して間の働きが関与し、演奏時の記憶（情報）を呼び起こしている、つまり、

ＣＤではできない、アナログならではの霊性さえをも醸し出している……。

おそらくそのことが、プロの音楽関係者が「アナログレコードの音質にはかなわない」と評する理由で、エジソンが発明したレコード盤のアナログ音は、間と響き合うのです。

エジソンはまた、一八九一年に映画を観る装置であるキネトスコープも発明していて、この装置がシカゴ万国博覧会で展示されて大変話題となり、その後、約三年で全米の街に映画館が造られました。

今、私たちが映画館でリアルな感動体験が味わえるのも、いわばエジソンのおかげなのです。

こうしたことからも、エジソンは岡潔先生のいう情緒の人であり、テスラ以上にスピリチュアルな感性を持っていたに違いありません。

そう思わせる根拠が他にもあります。

僕は、アメリカ国内でＵＦＯが墜落したといわれている場所を数ヶ所調査に行きましたが、そこで、墜落したＵＦＯの機体の動力源に「General Electric Co.; GE」と書かれていたという証言を耳にしたことがあるのですが、そのＧＥを設立したのがエジソンなのです。

エジソンは２３３２件もの特許で時代を変え、「魔術師」との異名も囁かれた人物です。

ひょっとすると、彼は宇宙人から情報を得ていたのかもしれず、その後もＧＥがその情報に基づいてＵＦＯの研究開発をしていた可能性があります。

もしそうだとすると、やはりエジソンも偉大な霊性の人であり、それゆえ当時のテクノロジーと霊性を融合する形で新たな発明を行い、広く世に貢献し得たのでしょう。

英雄の陰に霊性あり！

英雄の陰に霊性あり！

とはいうものの、霊性を開いた人は、ものすごい外圧に耐え、そこから這い上がったからこそ英雄になれたわけで、もし愛や信念を持っていなければ、容易に外圧に屈していたでしょう。

上杉謙信にしてもパウエル司令官にしても、決して相手よりも優勢だったわけではありません。二人とも、どんなに劣勢に置かれていても、部下が無駄死にすることのないよう、自ら身体を張って敢然と敵に立ち向かっていった――その勇ましさの根源には、自己犠牲の愛があったのです。

どんなに最悪の状態であっても、決して諦めず、絶望の中で光を見出すのが霊性の力。それは、完全調和の働きを身を持って知っていて、その大いなる力に生かされて生きていることへの絶対的な信頼があるからです。

それゆえ、神さまへの全託ができ、いかなる困難をも突破できるのだと思います。

神さまへの全託ができれば、間と響き合って、間の力を引き出すことができるのです。

エジソンの発明もそうですし、歴史に名が残る音楽家や芸術家たちも、同じように間の力を借りて創造的な作品を創りあげてきたのでしょう。

例えば、「神の栄光」について曲を書き、後世の音楽家に多大な影響を与えたバッハや、ルネサンスを代表する画家であり発明家であったレオナルド・ダ・ヴィンチなどもそうです。

ダ・ヴィンチに関しては、ドイツの哲学者カール・ヤスパースがニーチェの言葉を引用して、「超キリスト教的な視線を持っており、彼の中には超ヨーロッパ的なものがある」と評していますが、彼も霊性の人だったからこそ、絵画以外にも彫刻、建築、技師（軍事、土木、治水）等々の天賦の才を花開かせ、後世の人たちに偉大な文化を遺すことができたのです。

他にも、例えば、古代エジプトで始まったとされる音叉を使って心身の病を癒やす音叉療法を広めた人や、飛行機を改良したエンジニア、実用化が期待される核融合炉の開発に携わっている技術者等々、たとえ歴史に名は残さなくても、霊性を開いて間の力を借り、人類全体に寄与するものをもたらしてくれた人はたくさんいたはずです。

ちなみに、一九五〇年代にトカマク型の核融合炉を考案したのは、ロシアの物理学者でサハロフという青年でした。トカマク型というのは、星の内部のように、超高温のプラズマを閉じこめる磁気閉じ込め方式の一つですが、彼はそのアイデアを自宅にいるときにフッとひらめいたそうです。

そして、まっ先に彼女の家に報告に行き、二人で夜空を見ながら、「今、僕だけが、あの星と同じものを創れるんだよ」と言ったというロマンチックなエピソードが残っています。

サハロフ氏は、その後、核実験反対運動、核軍縮キャンペーンなどを通じてソ連政府を含めて、全世界にその人間主義・平和主義思想を訴えました。

未来技術とされる核融合炉の実用化はまだ先になりそうですが、サハロフ氏の星をモデルにしたトカマク型の発想は、彼の愛が間と響き合って生まれたもの。だからこそ、誰よりもまっ先にその歓びを彼女に伝えにいったのでしょう。

このように、若い科学者やエンジニアであっても、愛や霊性によって宇宙の背後にある完全調和・神さまと響き合い、すばらしい業績を残すことができるのです。

それでも、「STAP細胞はあります！」

愛や霊性によって宇宙や自然の背後にある完全調和・神さまと響き合い、人類に寄与する仕事を成し遂げる――これが真心のある、ハートの豊かな科学者や芸術家のあり方だと僕は思います。

そこで、最近気になった事例を挙げておきます。

それは、一時期大いに世間を賑わせた「ＳＴＡＰ細胞」を創った小保方晴子さんです。

皆さんご存知の騒動の結果、世間では「ＳＴＡＰ細胞はなかった」「小保方氏のねつ造である」などと結論づけられましたが、実は、ＳＴＡＰ細胞はあります！

日本ではないことになっていますが、僕が関係者から得た情報ではＳＴＡＰ細胞は実在していて、現にアメリカではハーバード大学の付属病院が世界各地で特許を出願しています。日本にはリスクのあるｉＰＳ細胞だけでやらせておいて、リスクのない膨大な利益を生むＳＴＡＰ細胞はアメリカが全部押さえるという戦略です。

いずれにせよ、なぜ追試でＳＴＡＰ細胞がうまくできなかったかというと、僕の言葉でいうと、間の働きが得られなかったからです。

小保方さんは、元々身体の中に存在する万能細胞を発見するために研究を始め、ＳＴＡＰ細胞実験は、適切な刺激を与えて万能細胞を生み出すことにチャレンジしたもので、これが成功すれば難病の人たちを救える、との熱い思いを持っていたそうです。

そして、実験の過程でいくつかの要素を組み合わせる中、偶然ＳＴＡＰ細胞ができてしまった。

彼女は大変な発見に驚き、画像だけは記録していたものの、それがどうやってできたのか、その記録と大事な画像の保存された場所の記録が明確でないために、後から画像を辻褄合わせしてしまった……というのが事の経緯ではないかと思われます。

小保方さん自身が気づかれているかどうかは別として、STAP細胞ができたのは、小保方さんの霊性が開いていたからです。彼女の細胞に対する愛、人を救いたいという母性が間の力と響き合って素領域を変え、通常なら不可能な現象が起きた、ということです。

一方、他の技術者が同じようなステップで追試を試みても、実験に携わる人に肝心要の愛や霊性がなければ、完全調和と響き合わないがゆえに素領域も変わらず、常識を超えるような奇跡的な現象は生じることはない。

つまり、母性愛が豊かな小保方さんだからこそ、それは可能だったのです。

ゆえに、STAP細胞はある!

現に、日本人は昔からそれを「接ぎ木」として実用化してきました。

接ぎ木は、別の植物の幹に目的の植物の枝を繋ぎ合わせる方法で、ナスに接ぎ木をしてキュウリがなるなど、同種ではない植物の組合せもよく使われることは皆さんもご存知でしょう。

これは植物の中に万能細胞があるためで、これを動物の細胞でやろうとしたのがSTAP細胞です。そこに愛や霊性が介在すれば、素領域が変化して、私たちも万能細胞を創り出せるのです。

ところが、残念ながら今の科学では素領域のこともわからないし、愛や霊性が完全調和の作用を引き出すということもわからないため、ＳＴＡＰ細胞は非科学的と断じ、小保方さんは心ない人たちよって「現代の魔女狩り」にあってしまったのです。

願わくば、いつか小保方さんの純粋な母性愛が再び花開くことを願ってやみません。

これからの科学者は「霊性を開くこと」が必須条件に

ＳＴＡＰ細胞の話題が出たので、他にも科学者の思いや意識が実験に影響を与えることがあり得る例を紹介しておきます。

それは、ノーベル物理学賞を受賞したヴォルフガング・パウリという理論物理学者です。パウリは結婚に失敗したことで精神的に落ち込み、酒びたりになって、近所の精神科を受診します。

そこで、パウリが出会った精神科医が、分析心理学の祖であるカール・グスタフ・ユングでした。パウリとユングはシンクロニシティ（意味のある偶然の一致）やテレパシーについて議論を重ね、それを『原子と元型』という本にまとめるほど意気投合した仲になり、二人で神秘主義の探究にいそしんでいたようです。

つまり、パウリは、一方で精神を病んだ患者であり神秘学者、その一方で「パウリの排他律」の発見でノーベル物理学賞を受賞した天才物理学者でもあったわけです。

そんなパウリが、ある日、同僚の実験室に入っていったところ、なぜかその途端に実験装置が動かなくなり、しかもそれが頻繁に続いたことから、パウリはついに出入禁止になったそうです。

パウリがいないときの物理現象と、パウリがいるときの物理現象が明らかに異なる。その差は、ただそこにパウリという人間が存在しているか否か。ということは、同じ条件下において、ある特定の人物は、物理現象を変える変数を持っていることになります。

もうおわかりのように、その変数こそが、愛や霊性という完全調和・神さまと響き合う霊的ひな型なのです。

以上をまとめると、次のような結論を得ることができます。

形而上学的素領域理論によると、霊性とは、情緒、本当の心、愛する心、信じる力、完全調和としての神さまを求める衝動、大いなる存在に生かされている喜びと感謝、無私の祈り、自己犠牲の愛、奉仕精神などなどなのです。

今後、一人でも多くの人が霊性を開花することで、日本国の霊性も大いに発揮されて、人類全体の破滅を防ぐこともできるでしょう。ですので、どんな人にとっても霊性開花が課題なのですが、とりわけ、最先端科学が生命そのものを左右し、環境を大きく変えうる時代だからこそ、これからの科学者の必須条件は、霊性を開くこと！――そう僕は声を大にして主張したいのです。

パートⅥ　日本的霊性が求められている時代

日本的霊性を体現されている宗匠のおかげで成し得た祝之神事

ここまでで、霊性を開くことによって、完全調和の側からの働きがより強まって、偉大な発明・発見がもたらされ、歴史を変えるような新たな文化、世界が創造される、ということがおわかりいただけたかと思います。

そこで、このパートでは、僕にとって最も日本的霊性の大切さをご教示くださった方をご紹介するとともに、世界の中での日本人の役割・使命について述べてみたいと思います。

日本的霊性とは、祭祀王としての天皇を中心とする霊統を重んじる日本人特有の霊性のことです。

僕が日本的霊性のあり方について学ばせていただいたその人物とは、「宗匠」と呼ばれている煎茶道の家元で、明治天皇と大変深い関係のあるお方です。

結論から言うと、今の天皇陛下が即位される際、白川伯王家伝承の「祝之神事《はふりのしんじ》」を無事執り行うことができたのは、この宗匠のおかげです。

僕が祝之神事を継承した経緯については、これまでの著書で詳しく述べているので、その間の経緯は割愛しますが、祝之神事とは、歴代の天皇によって皇太子から天皇になるときに受け継がれないといけない御神事です。

しかし、その効力は徐々に弱くなっていき、百二十年を過ぎるとまったく効果がなくなって、人心は荒れ果て世が乱れてしまうといわれています。

にも関わらず、最後に祝之神事を受けられたのは明治天皇であり、その後の大正天皇、昭和天皇、そして平成時代の天皇であった上皇陛下はお受けになっていないために、効力がなくなるまでに何とか継承者を探さねばということで、それまで祝之神事を継承されてきた高齢の巫女さまから白羽の矢が当たり、なぜかこの僕が引き継がせていただくことになったのです。

その重大なお役目を何とか果たすことができたのは、明治天皇と大変深いご関係にある宗匠とのご縁をいただくことができたからこそです。

というわけで、心からその感謝を込めて、宗匠の人となりについて紹介していきたいと思います。

宗匠は、禅宗の流れを汲む煎茶道の家元です。若い頃は煎茶道の家元としての仕事を引き継ぐのを拒んでいたそうで、それがさまざまな分野の達人たちと出会い、最後に出会った剣術の北辰一刀流の宗家から聞かされた一言によって、家元を継ぐ覚悟をしたそうです。

北辰一刀流の宗家に会ったとき、もともと、剣術などに興味もなかった宗匠は、その宗家という剣の達人を困らせてやろうと考えて、開口一番、「北辰一刀流とはいったい何なのでしょうか？」と質問します。

それに対して、間髪入れずお答えになった宗家の言葉は、「北斗七星信仰でございます」という想像をはるかに絶した答だったそうです。

まさか剣術の奥義が信仰、しかも北斗七星などを持ち出してくる原始宗教にあるなどとは考えてもみなかった宗匠は、完全に虚を突かれてしまいます。そのため、宗家の教えの本意に気づけたのは、しばらく経ってからだったそうです。

北斗七星とは、常に北の方角を指し示す北極星の位置を教えてくれる重要な星の集まりですが、翻っては、この大宇宙の中に存在する秩序や法則性のことを意味しています。

つまり、星々の運行の形がどうなっているのかを表しているのであって、七つの輝く北斗七星の延長線上に北極星があり、昔から人々はこの星々を天として仰ぎ、いつ、いかなるときにも生きる指針としてきたのです。その北斗七星を信仰するということは、その人間にとっての「生きる形」「生きる姿勢」を理解するということに他なりません。

宗家はこう言われたそうです。「人は地上にいると天を見失います。ですから、常に天を見失わず、天の形のように生きる、というのが北斗七星信仰です」と。

ようするに、北辰一刀流とは、単なる斬り合いのための剣術ではなく、天を忘れず、人が生きる形を教える道なのだと宗匠に教え諭されたのです。

北辰一刀流の北斗七星信仰で気づかされた人としての生きる姿勢

それまで、自分は人が生きるための方法を指導するなどということができる人間ではないと考えていた宗匠は、家元の継承には否定的でした。しかし、北辰一刀流の宗家の言葉の意味を理解し、家元の真の役割とは、生きる方法ではなく、生きる姿勢を教えることにあるという事実に気づくことができたのです。

これならば自分にも可能かもしれない！　そう腹を括った宗匠は、その足で天台宗の寺に赴き、先代の家元が遺してくれていた着物に初めて袖を通します。宗匠十二歳のときのことでした。

それ以来、六十数年、煎茶道家元としての宗匠は、「アバンギャルド」「時代の寵児だ」などと評されつつ、長年の伝統をものともせず、大胆かつ繊細に茶の道を創り変えていったのです。

それまでの伝承に囚われることなく、畳での正座を廃止し、椅子に腰掛けてできるようにした斬新な煎茶道は、日本人のみならず、正座の習慣のない外国の文化人の間に急速に受け入れられ、欧米の大使館や領事館から招かれる機会も増えていきました。

伝承はそのまま形を変えずに受け継いでいくことであり、一方、伝統は時代にあわせて形を変えて受け継いでいくこと——つまりそれは、スキルではなく、そこには、美しく生きる姿勢、すなわち煎茶道の精神・霊性を現代風に表現した宗匠の心意気があったのです。

そうして、古いしきたりの中に新しく自由な旋風を吹き込んでいった宗匠の、煎茶道家元としてのお役目の最高潮は、エリザベス女王への献茶式典へと繋がります。

さらに、宗匠は華道、能楽、文楽あるいは日本舞踊といった伝統文化と御茶会の融合によって、茶道を一つの空間芸術として生まれ変わらせるという方向に大きく舵を切ります。

また、ご自身は芸術家として全体像を生み出すことに専念され、御茶会で実際に御茶を入れるのは全て弟子達に任せてしまうことで、弟子達の茶の道もまた格別に深くなっていく。かくて、宗匠は、茶道の家元としても理想的な指導者として各方面から高い評価を受けることになったという次第です。

僕が宗匠とのご縁をいただいたことで、最も影響を受けたのは、日本の皇室伝統についての捉え方で、それまでの自分の考えがいかに浅はかだったかを思い知らされました。

それまでの僕は、反体制の延長としての反皇室運動に心情的に組する穏健的プロレタリアートの模範（⁉）のようなタイプでした。

それが、ある日、いやある瞬間を境にして正反対の立場を取るようになったのは、日本的霊性が開花した宗匠との出会いがあったからこそ。正直なところ、それまでの僕は「この世の中に俺よりも凄い男はいない」と心の奥底で信じきっていた高慢極まりない人間でした。

そんな僕が、一目見ただけで生まれて初めて「上には上がいるものだ。この人にはかなわない！」と思ったのです。

宗匠の思いは、「日本の古典芸能のみならず、あらゆる文化のエネルギーを利用して、武器・武力では決してなく、世界平和を牽引していく」というもので、実際にそれを足下から地道に実行に移されている姿は、僕にとって、日本的霊性を体現する人の生きる姿勢として大いに範となるものです。

ちなみに、初めて宗匠にお目にかかったときには、僕自身から見ても、顔形から、雰囲気や身振り手振りを交えての話し方に至るまで、「よくここまで似た人物がいたものだ」と感心し、もし僕に兄貴がいたとしたなら、この宗匠のような人だったに違いないという、根拠のない絶対的な確信を持ったものです。

こうして宗匠と親交を持たせていただき、やがて、僕が果たさなくてはいけない祝之神事のお勤めについて、明治天皇と大変ご関係が深い宗匠にその主旨をよくご理解いただいた上で、僕に代わって今上陛下にこの重要な神事をお伝えしていただく運びになった次第です。

二十六万四千人が結集した「抱きしめてBIWAKO」の裏の仕掛け人

そんな宗匠が、自らの天賦の才を思う存分発揮された奇跡の物語があります。

その最高潮の瞬間は、一九八七年十一月八日正午からわずか一分間の出来事でした。それは「抱きしめてBIWAKO」と名付けられたイベントで、それまで互いに知ることもなかった二十六万四千人の人々が、その一分間のために全国各地から集まって皆で手をつなぎ、全員で一周約二百四十キロメートルある琵琶湖をぐるっと抱きしめたのです。

このイベントは、滋賀県大津市の第一びわこ学園（重症身体障害児施設）を支援するための資金作りとして計画されたものですが、実は、裏の仕掛け人であり、裏のプロデューサー、そして裏の統括責任者、さらには作戦遂行のための裏の前線司令官という、イベント遂行に必要不可欠となるすべての役回りを陰に隠れて一人で行ったのが宗匠その人だったのです。

経緯はこうです。

宗匠は「すべての子どもたちがこの世界に生まれてきたことをよかったと思える世の中が本当。その世の中を実現することは、大人の責任」との思いから、世界各地に養護施設を造り、その運営に当たってこられた方です。

ところが、中には世話をされることに慣れきってしまったために、他の人のために何かをするということに頭が向かなくなっていた子どももいるようで、宗匠は、そんな湘南学園の子どもたちを目覚めさせるために、全国でも有数の重症身体障害児施設の第一びわこ学園に彼らを連れていくという秘策に出ます。

この第一びわこ学園は、医師でなければ園長に任命されることのない、日々の生活が直接に子どもの生死にかかわるという、知られざる福祉の最前線です。

園長に案内され、見て回った収容児童の様子は、湘南学園の子どもたちの想像をはるかに超えたものでした。例えば、身体の自由が利かず寝たきりの子ども。その子は日中、目が覚めているように見えるものの、自力でのまばたきができないため、瞼の開け閉めと流動食の吸引が必要になります。

呼吸動作はできるけれど、夜間睡眠状態に入るとそれも自力ではできなくなり、そのままでは呼吸停止で死んでしまうので、その子が寝ている間中、施設の職員は夜どおし付きっきりの手作業で、胸部の緊張と弛緩を繰り返して人工的に呼吸をさせます。

しかも、それが一分間でも中断してしまったなら、その寝たきりの子どもは生死の境をさまようことになるので、職員の緊張にはすさまじいものがあります。

毎日誰かの助けを受け続けなくては、文字どおり生きていくことができない子どもたち。

そんな悲惨としかいいようのない施設の中を一巡した後で、宗匠は湘南学園の子どもたちに「ここの子どもたちを見て君らはどう思った」と問いかけます。すると、いつも反抗的な子どもが一番に口を開いて、逆に聞いてきます。

「理事長さん、あの子たちの病気は治らんのん?」。それを聞いた宗匠は、医師である園長と顔を見合わせ、あの重症障害児たちを見て病気だと考え、当然のようにそれが病気なら治せるはずと考えてくれたその問題児のほうがまともな人間だと感じ始めていました。

これなら、ひょっとしてこの子たちの本当の心根を引き出せるきっかけになるかもしれない！

そう考えた宗匠は、園長に向かって頭を下げ、湘南学園の子どもたちにここで何か手伝いをさせてほしいとお願いをします。

一つ間違えば簡単に死亡事故につながる危険性が溢れているので、無謀なお願いだったわけです。けれど、その真剣な眼差しの宗匠を前にして、すべてを理解した園長は頷いてこう言います。

「わかりました。そちらの子どもたちだけでなく、きっとうちの子どもたちの側にも何かよい刺激が伝わってくれるのではないでしょうか。職員達にはそういう意味で画期的なことだからと説明し、大きな関心を寄せながら臨んでもらいます」と。

重症身体障害児施設の園舎を建て替えるために絞り出した妙案

こうして、宗匠が理事長を務める施設の子どもたちと第一びわこ学園の子どもたちとの交流が始まり、それまで人のことを思いやることなど忘れたかのように見えていた子どもたちが、他の学園の子どもたちのことを親身になって考えるようになったことを誰よりも嬉しく感じた宗匠は、今度は老朽化していた第一びわこ学園の園舎を建て替える事業に邁進します。

とはいうものの、最新の医療設備も併設しなければならない重症身体障害児施設だけに、二億円ほどの自己資金が必要だと判明。残りの十八億円は国と県の補助金でまかなえるのです。しかし、当然ながら第一びわこ学園にはそんな自己資金はありません。

そこで、宗匠は園長とともに厚生労働省の役人を訪ね、何とか自己資金なしで建て替えられるように訴えたものの、「補助金という制度がすべてそうなっている以上特例は設けられない」の一点張り。

長く役人を続けることで、脳味噌が凝り固まってしまった連中では埒があかない。そう思った宗匠は、「それなら自分で二億円を集めるから心配するな！」と園長の前で啖呵を切ります。

むろん、どこかに寄付金のあてがあったわけでもなく、良い妙案があったわけでもありません。いざとなれば、建て替えが終わった時点で自分が借金を被ってでも建設業者に残金の二億円を支払うか、あるいは業者に土下座して支払いを無期延期してもらう。そんな意気込みだけで、落ち込んでいた園長の背中を押したのです。

有言実行！　そこからが宗匠の柔軟かつ明晰な頭脳がフル活動し、その日の夜には何人も考えつかないようなアイデアを捻り出します。

必要な金額は二億円、篤志家でもない「普通の人たち」から気軽に寄付してもらうには一人千円が限度と考えれば、総勢二十万人から集める必要がある。しかし、二千人ならいざ知らず、二十万人といえば地方の中核都市の人口にも匹敵するわけで、その全員から市役所が一人千円ずつ徴収するのですら不可能に思える。

ところが、この二十万人という気の遠くなるような人数を前にして、宗匠の脳裏をふと琵琶湖の周囲長が約二百四十キロメートルだという記憶がよぎります。

ということは、二十四万人の人間が横一列に手を繋いでいくなら、琵琶湖をぐるっと一周囲むことができるはず。そうすれば、全員で琵琶湖を抱きしめることができる。そんなイベントを日頃の生活を琵琶湖の淡水のお世話になっている近畿圏の人々に提案し、参加してくれる人たちから一人千円の参加料を頂戴するなら、計算上は二億四千万円が集まることになるではないか！

これなら学園が負担する自己資金二億円を払っても、イベント開催に必要な雑費としても四千万円を使えることになって、実現可能性も高い。

「よし、これならやれる！」そう踏んだ宗匠は、それまで誰ひとりとして思いつくことのなかった最大スケールのイベント企画をすぐに滋賀県庁に持ち込み、大方の了承を取り付けます。

開催準備委員会が立ち上がり、当然ながら宗匠が準備委員長に指名され、各方面から二十名ほどの準備委員が召集されて決まったのは、五月のゴールデンウィーク直前に発表し、半年間の準備期間を経た十一月八日の日曜日にイベントを決行するということ。そして、この壮大なイベントの名称は、企画内容そのままに「抱きしめてBIWAKO」となりました。

トラック野郎、暴走族、さまざまな宗教家までもが琵琶湖に結集‼

ところが、準備委員会を召集する度に、ほとんどの委員が口にするのは、やれ「こんな無茶な計画は実現できない」とか、「何の義務もない人たちが当日約束どおりに二十五万人も集まってくれるわけがない」「失敗するのは火を見るよりも明らかなのだから今から責任の取り方を考えておかないといけない」等々、否定的な感想のみ。誰ひとりとして建設的な意見を述べる委員はいませんでした。

そんな中、委員の一人からこんな嬉しい報告が……。

「委員長、実は委員のお一人が、本日の委員会に大手広告代理店の二大勢力として知られる二つの企業の方々を連れてこられました。何でも、今回のイベントについて、計画から実施に至るまでのすべてを両大手広告代理店で請け負って下さるそうです。これで、イベントの成功は間違いありません。委員長、よかったですね」と。

二十五万人もの人間を集めるという一大イベントを成功裏に終わらせるには、大手広告代理店といえども一社のみではさすがに力不足だということで、業界初の試みとして二大大手が協力してくれることになったのです。

両代理店の代表者によれば、新聞やテレビ、ラジオなどあらゆるマスコミを総動員する広告キャンペーンを打つことによってのみ、二十五万人という人数を集客することができるとのこと。その上で、広告費用を捻出するために参加費用は一人三千円とし、集まったお金の中から二億円を第一びわこ学園に寄付させていただくという提案でした。

ところが、宗匠は委員長としてこの提案を受けず、両代理店の代表者を追い返してしまいます。その時点で他の委員もほとんど全員が席を立って、二度と帰ってはきませんでした。

まさに「万事休す」の状況に陥ってしまったとき、かねてから宗匠に育て助けられてきた人たちが少しずつ集まってきてくれるようになり、様々な困難を乗り切って計画は最終段階にまで進みます。

一つだけ不安が残ったのは、当日どこか一ヶ所でも人が足りなくて手を繋ぐことができなかったら計画は失敗するということでした。そこで、暴走族のリーダーを呼び出した宗匠は、彼の率いる近畿圏の暴走族全員をアコーデオン部隊と名づけた上で、こんなことを依頼します。

イベントのスタート一時間前から、アコーデオン部隊は五台一組で琵琶湖の周囲を走り回る。そして、大きく手を振って呼ばれた場所にはすぐさま駆けつけ、その一人か二人足りないところに混じって手を繋いでほしい、と。

さらには、当時無線を装備していた車は一般の車両ではトラック野郎を自負する運転手の長距離トラックだけでした。それなら本部からの指令を受けて人数が足りないところにすぐに駆けつけることができると気づいた宗匠は、トラック野郎のリーダーにも依頼しました。

こうして迎えた一九八七年十一月八日。二十六万四千人の人たちと、トラック野郎のトラック、暴走族のオートバイが一同に結集し、正午からの一分間、全員が手を繋ぎあって琵琶湖を一周ぐるりと囲むという偉業が達成されたのです。

この奇跡のイベントが成功したのは、宗匠という霊性開花の人物、かつどこまでも柔軟な発想ができる指導者がいたからこそで、多種多様な階層の人々から日頃慕われていた宗匠の人望もまた大きく貢献したことはいうまでもありません。

さらにこの日、宗匠はちょうど世界宗教者会議からお帰りになったばかりの比叡山の御座主に、一つのアイデアを提示されていました。それは、琵琶湖岸一周区間の一部、長さにして四キロメートルの部分を「宗教家の区間」として、仏教のお坊様だけでなく神道の神主、カトリックの神父、プロテスタントの牧師といった神職たちが手を繋ぎあうというもの。

当日、その四キロメートル区間に様々な宗派の宗教家たちが四千人も集まってくれたからこそ、実施当日に琵琶湖の周囲二百四十キロメートルを人々の手で繋いでいくという世紀の一大イベントが成功したのです。

これが「抱きしめてBIWAKO」の成功秘話ですが、この一つの事実だけでも、宗匠が余人をもって代えることのできない人物であることがおわかりいただけたかと思います。

明治天皇が全身全霊で祈られた安穏で平和な世を創るために

さて、ここからは、宗匠がなぜ類い希なる日本的霊性の持ち主なのか、そのわけを少しだけお話しておきたいと思います。

わけあって現段階では宗匠の詳しい氏素性は明かせませんが、宗匠は明治天皇が望んでおられた日本国の姿と、実際の明治維新後の国の有り様を心から憂いていらっしゃいます。

現実の世の中では、まだ若い母親が赤ん坊を抱えて電車に飛び込まなければならないという悲惨な状況がある……。これでは、明治維新が実を結ぶどころか、未だ完結もしていないではないか！

そう明治天皇が天上で悲しんでいらっしゃることを最も理解なさっている宗匠は、ご自身で明治維新を完結させ、明治天皇が全身全霊で祈られた安穏で平和な世の中を取り戻すことを心に固く誓われているのです。

そんな宗匠の霊性の高さを身を持って感じたのは、僕が尊敬する岡潔先生と宗匠の関係を知ったときでした。

僕が、今は入手困難な岡先生の随想著作を見た際、末尾に著者である岡先生が明治天皇が御詠みになった歌を引用しつつ、陛下の御志を讃えている文章を見つけ、この本を是非とも宗匠に差し上げたいと思い、知人を介して宗匠にお会いしたときのこと。

僕がその頁を広げながら宗匠に手渡すと、宗匠は一瞬、驚き、微笑みながら本を受け取ってこう言われたのです。

「岡潔先生はこんな本を遺されていたのですか。ありがとう。僕の宝にします。岡先生は本当に傑作な方で、当時高校生の僕が高い上座に座り、様々な学問の本質を当代一流の学者先生たちが低い下座に座って講じてくださるという週末毎の帝王学講義で、最も愉快な先生でした。他の先生たちが正装で来られるところを、岡先生は毎回よれよれの普段着で来られる上に、夏でもゴム長靴でした。

理由をお尋ねすると、かかとが堅い革靴では歩く度に頭に衝撃が伝わって数学の研究が阻害されるとおっしゃる。外見や他人による評価などまったく気にされない、本当に自由で奔放な先生でしたね」と。

僕は、咄嗟に口がきけなくなってしまいました。まさか、宗匠が高校生のときに、あの世界的大数学者の岡潔先生に直接学んでいらしたなど、まったくの想定外のことだったのですから……。

そもそも、毎週末に「帝王学」を各分野の専門家から学ぶ高校生が、いったい他にどこにいるというのだろうか⁉　しかも、平日は児童養護施設で、身よりのない子どもたちと一緒に暮らしている高校生が、だ。

宗匠が教えてくださったところによると、講師陣の中には、禅を世界に広めた鈴木大拙や、後にノーベル文学賞を受賞する川端康成などもいたそうです。また岡潔先生は、たまたま宗匠への講義のために来ていたときに鈴木大拙と出会い、その後の交流で禅にも深く傾倒していったといいます。

つまり、岡先生自身もまた、若き時代の宗匠に講ずる機会に恵まれたために、それまで無縁だった禅の世界に触れることができたということになります。そしてまた、宗匠に親しく本を手渡しできる機会に恵まれた僕は、それまで尊敬する偉人の一人という程度の遠い存在だった岡潔先生の実像に触れることができたのです。

宗匠という霊性の人が、同じく霊性の人であった岡潔先生らの御魂と響き合い、真の維新を成し遂げる日はそう遠くはない……僕の中ではそんな予感がしています。

いずれにしても、人生模様を織り出す糸車は、かくも見事に回り続けているわけですが、願わくは、この先もまた宗匠が大いなる神意のままに人々を導かれ、明治天皇が望まれた安穏な御世が一日も早く実現されますように――。

日本的霊性を理解されていた日本のカトリックの神父さま

日本的な霊性は、宗教宗派を超えて共有し得るようで、僕が知る中で、日本的霊性を理解されているように感じた数少ない神父さまがいました。

それは、元上智大学長の柳瀬睦男先生です。柳瀬先生は、世界的に著名な理論物理学者である一方で、カトリックの神父さま（司祭）でもあり、バチカンの奇跡調査委員会で「本物の奇跡」の認定に携わっていた唯一の日本人でした。

柳瀬先生は、相対性理論や量子力学が現代社会におよぼす哲学的意味を追究され、『時間とは何か』『科学の哲学』などの名著を上梓され、平成二十年十二月七日に天に召されました（享年八十六歳）。

僕は、ノートルダム清心女子大学で可愛がっていただいたシスター渡辺和子学長の紹介で、初めて柳瀬先生にお会いしたのですが、僕がそれまで会ったことのある神父たちとは違って、とても懐の深い方でした。

一般的に言って、カトリックの神父は、聖書絶対主義でどうしても四角四面になりがちなのに対して、柳瀬先生は神さまの概念をより広く捉えていらしたように感じたのです。

そこでまず、シスター渡辺和子学長について簡単に紹介しておきます。
シスター渡辺は、ベストセラーになった『置かれた場所で咲きなさい』（幻冬舎）の著者としても有名ですが、僕にとっては三十年以上にわたり《名誉息子》として心の交流を重ねてきた母親のような存在でした。

結婚が許されず、子どものいないシスターと、生後すぐ母と生き別れになった僕の三十四年間は、厳しくも温かな愛に満ちたものでした。しかし、シスターが「置かれた場所で咲く」決意に至るまでも、さらに決意の後も、シスターの生涯はあまりにも多くの受難にさいなまれたものでした。

シスター渡辺は、ノートルダム清心女子大学の学長から理事長となり、すい臓がんを患われ、二〇一六年十二月三十日に天に召されました（享年八十九歳）。僕は、そんな《名誉母親》に対する追悼本として『置かれた場所で咲いた渡辺和子シスターの生涯』（マキノ出版）を上梓させていただいたので、関心のある方はぜひ同書をお読みいただければと思います。

シスター渡辺は、「人間に上下はありません。しかし、人格に上下はあります」という言葉を遺されましたが、この「人格」は「霊性」（霊格）にも置き換えられるのではないかと思います。

次に、話を柳瀬睦男先生に戻します。

一般的に見て、神父さんはお堅いタイプが多いのですが、柳瀬先生はとても大らかなタイプで、なぜかシスター渡辺の周りにはそのような柔軟な方々が集まっていました。

もちろん、神父さんたちなので皆さん神を信仰しているのですが、僕が知るかぎり、柳瀬先生のような懐の深いタイプは極めて少なく、それはシスター渡辺と同様に、柳瀬先生もまた日本的な霊性を共有されていたからではないかと思うのです。

柳瀬先生の懐の深さはどこからきたのか……。

それは、理論物理学者として、物とは何か、運動とは何か、変らないものとは何かといった普遍的真理を探究され、その一方で、本物の奇跡の認定人の一人として様々な奇跡現象を調査されてきたがゆえに、おそらく神の概念をより広く捉えられていたからではないか。

さらに、アジアの文化にも精通されていたために、聖書の世界観を超えて、西洋と東洋に共通する形而上学にも深い理解を示されていたのではないかと思われます。

だとしたら、シスター渡辺がそうであったように、柳瀬先生もまた日本という国、風土に生まれ育った人間特有の情緒に包まれていたことが、その柔らかな愛に繋がっていったのではないかと思うのです。

世界に求められ、世界に影響を及ぼす日本的霊性

僕は、日本的霊性がこれからの時代にとても重要な役割を果たすのではないかと思っています。

すでにその兆候はいろいろなところに出ていて、例えば、綿半ホールディングス（Watahan Design Lab）は、二〇一八年十二月六日から翌二〇一九年五月末まで開催された中国最大級のガーデン博覧会（中国国際園林博覧会）において、日本を代表して「日本長野園」のガーデンをデザインしています。

Watahan Design Lab は、主にガーデンデザインを手がけ、二〇一六年には英国王立園芸協会が主催する権威ある世界的ガーデンショー「チェルシー・フラワーショー」において銀メダルを受賞しています。

中国国際園林博覧会は、中国国内で最大級のガーデン博覧会で、中国の各都市に加え、ASEAN諸国、世界各国都市を誘致し、その都市名での庭園が作庭されるもので、日本は、会場の南寧市と学生交流のある長野県が選出され、来場者数は五百万人、会期後も庭園は南寧市の公園として半永久的に保存されるそうです。

日本長野園のテーマは「帰郷」（敷地面積２４６５万平方メートル）。伝統的な日本庭園の様式を大切にしつつ、「中国大陸より伝わった伝統をお返ししたい」、という想いを込め、棚田のような見晴台や、海を模した枯山水の中には日本の神社をモチーフとした建物がたたずんでいます。

実は、この「帰郷」というテーマで総合プランニングをなさったのも、前出の宗匠だったのです。

日本人スタッフの指示によって、現地の職人たちが一つひとつを丁寧に仕上げたこの長野の庭園は、両国民が心を通わせて完成したもので、自然への敬意を表し、庭園内の物語を回遊式で感じられることから、来場者にも大変好評を博したそうです。

この日本長野園は、まさに日本の情緒を形にしたものですが、他にもフランスで開かれたジャポニズムなども、日本的霊性に対する諸外国の関心の高さを示すものです。

「ジャポニスム2018：響きあう魂」は、日本政府としてこれまで類を見ない規模で文化の発信を行う一大事業で、二〇一八年七月～二〇一九年二月の八ヶ月に渡ってフランス・パリを中心に開催されました。

世界に名だたる文化・芸術の国であるフランスは、日本に多大な影響を与えてきた一方で、十九世紀のジャポニスムに見られるように、日本の浮世絵文化に大いに触発されたという歴史があります。

ジャポニスム2018は、日仏友好百六十年を記念し、両国の感性を共鳴させる場として日仏首脳会談により開催が決定され、三百五十万人を超える来場者を集め、大きな反響を呼びました。

　そのコンセプトの一つ目は、過去から現代までさまざまな日本文化の根底に存在する、自然を敬い、異なる価値観の調和を尊ぶ日本人の「美意識」。

　二つ目は、日本とフランスの感性の共鳴で、文化芸術をとおして日本とフランスが感性を共鳴させ、協働すること。さらにその共鳴の輪を世界中に広げていくことで、二十一世紀の国際社会が直面しているさまざまな課題が解決に向かうことを期待して、ジャポニスム２０１８が開催されたのです。

　このジャポニスム２０１８に続いて、米国において日本や日本文化への理解・関心の裾野を広げる目的で、二〇一九年三月にはニューヨークのメトロポリタン美術館で「『源氏物語』展 in NEW YORK～紫式部、千年の時めき～」を皮切りに、ワシントンＤＣのナショナル・ギャラリー・オブ・アートでの「日本美術に見る動物の姿」展などの展覧会や、宮城聰演出『アンティゴネ』『杉本文楽 曾根崎心中』などの舞台公演が「Japan 2019 公式企画」として実施されました。

　こうした動きの背後には、明らかに間の働きがある――そう僕は感じています。

日本的霊性の発露による、世界平和の構築を!!

今、世界にとって、日本的霊性が求められている――僕がそう思うのは、恩師である湯川秀樹先生や敬愛するアインシュタイン博士が切望していた、武力によらない世界平和を築くためには日本的霊性の働きがどうしても必要だからです。

そのためには、まず、今の日本の国の有り様を見直すことが重要です。

これまで、日本は「アメリカの属国」のような立場に甘んじてきましたが、米ソ冷戦時代がとうの昔に終わって、国際政治のパワーバランスが大きく変わった今、そろそろ日本は実質的にアメリカから独立宣言（日米安全保障条約の発展的解消）をする時期ではないかと思います。

これは講演会などでも話すのですが、まず、東京都のあり余る予算で全国都道府県の主要地を買い取って東京都の施設を造り、東京都所有の土地が全国にまたがった時点で東京都が独立宣言すれば、日本に不利な日米地位協定から脱却できるでしょう。

そのほうがアメリカの軍事費負担も減って、双方ともに自国の発展のために尽力できるし、日本が平和的かつ調停的な自主外交を行うことによって、世界各国の対立・紛争地域の緊張緩和や和平構築に貢献できるはずです。

そうでなければ、軍拡競争はより激化し、再び核戦争やサイバーテロ、あるいは細菌兵器やアストラル体までも破壊する非人道的兵器の開発・使用の危険性が高まって、地球文明は破滅への道を一気に転げ落ちてしまうでしょう。

いうまでもなく、もうこれ以上、私たちは過去の歴史の過ちをくり返すべきではありません。

かつて、原爆の開発を進言したアインシュタイン博士は、そのことで贖罪意識にさいなまれていました。

当時アメリカへの亡命を果たしたユダヤ人科学者たちが最も恐れていたことは、ナチス政権下での核兵器開発でした。何としてもそれを阻止しようと、アインシュタイン博士はアメリカ大統領に核兵器開発を勧告する文書にやむなく署名したわけですが、実際に原爆が投下された後、湯川先生と初めて会ったアインシュタイン博士は、「何も罪のない日本人を原爆で傷つけてしまった。どうか許してほしい」と肩を震わせ、涙を流しながらその言葉をくり返したことは前述したとおりです。

物理学の頂点に立つ大天才が泣きじゃくるその幼気な姿を見て、湯川先生は科学者の良心、真心を垣間見たに違いありません。

その後、湯川先生はアインシュタイン博士と共に核兵器反対と平和運動に邁進したことは周知の事実です。地球上を二度と戦争の起こらない平和な仕組みに変えるため、核兵器を廃絶して、世界を連邦にする以外に道はないというのが二人の結論だったのです。

アインシュタイン博士ら、当時の第一線の科学者十一人が連名で核兵器廃絶を訴えた「ラッセル・アインシュタイン宣言」（一九五五年）には、日本人として湯川先生ただ一人が署名。宣言に賛同する世界の第一線の科学者らにより、その二年後から開催されるようになった「パグウォッシュ会議」（湯川先生の没後の一九九五年にノーベル平和賞を受賞）にも初回から参加し、平和を実現するための積極的な発言をしていかれます。

そんな湯川先生が終戦前後に書き残した日記を、後に京都大学が公開しています（京都大学湯川記念館史料室）。そこには原爆研究に関わった記述がある一方で、広島や長崎の原爆被害も詳細に記してあり、専門家は、戦後平和運動に携わった湯川先生の歩みを知る記録として注目しています。

この日記を分析した小沼通二慶応大学名誉教授は、「日記に思いは書かれていないが、国が正しいと考えていた湯川の価値観が戦後になって変わったことが同じ頃に雑誌に書いた記事から読み取れる。一九四五年に平和運動への道ができたのだと思う」と話しています。

つまり、湯川先生は、戦争というそれまでの秩序を徹底的に破壊する暴力の怖ろしさを身を持って体験された、すなわちとてつもなく強力な外圧を受けたことによって霊性がより開花し、さらにアインシュタイン博士の霊性と大きく響き合ったことで、科学者たるもの「暴力の支援者」

ではなく、「平和の使者」「神の代理人」となるべきである、との自覚がはっきりと芽生えたのではないかと思います。

これこそ、神さまへの全託、そして日本的霊性の発露による、世界平和の構築です。

僕が「科学者の必須条件は霊性を開くこと」と断言した根拠は、まさにここにあります。

もちろん、これは科学者のみならず、すべての日本人、そして日本的霊性に理解のあるすべての地球人の喫緊の課題であることは、本書をお読みくださった皆さんにはよくよくご理解いただけることと思います。

パートⅦ　霊性の開き方と「神さまの正体」

偉大な科学者たちのひらめきは神さまからの啓示

さて、ここからは霊性を開くにはどうすればよいか、という観点から話をしていきたいと思います。

まず、霊性が開いていると、完全調和の側、すなわちあの世からの働きかけをキャッチする神さまセンサーが鋭敏になって、ひらめきが起きやすくなります。

これは何も霊能者に限らず、僕のような物理学者や数学者もよく体験していることです。

僕がスイスのジュネーブ大学で研究していたとき、ノーベル賞の候補になるような世界的に著名な物理学者や数学者の方々と運良く交流させていただくことができたのですが、そのような偉い先生方とお会いしたときには、学問の話は一切しませんでした。

なぜなら、彼らからすると、人間の頭でコツコツ積み上げた理論は所詮つまらないもので、歴史に残るような偉大な発見は「すべて神さまが教えてくださる」という発想があって、僕は既存の学問の話よりもよっぽどそちらの話のほうがおもしろかったからです。

物理学者たちによるひらめき、すなわち「創発」は、頭の中の思考実験を超えた先にあり、とりわけ理論物理学や数学を極めたすぐれた学者ほどその傾向が強いのです。

例えば、フランスの数学者ポアンカレは、「突如として啓示を受けることはある」と述べ、それを「数学的発見における精神活動の関与」と呼び、また量子力学の産みの親であるハイゼンベルグも、創発が起きたときの様子について次のように語っています。

「ヘルゴランド島で、ある一瞬に、エネルギーが時間的に一定不変であるということが、インスピレーションのようにひらめいたのである。かなり夜更けのことであった。それから、私は苦労して計算した。すると、合っていた。私は岩山に登り、日の出を眺めた。そして幸福であった」と。

また、シュレーディンガーも、クリスマスの日、女性と一緒にアルプスの山小屋でロマンチックな一夜を過ごしていたときに、量子物理学の基礎となるかの有名なシュレーディンガー方程式を創発しているのです。

僕自身、後に「ヤスエ方程式」と呼ばれる数式をひらめいたときも、まさにそうでした。ドイツのアウトバーンを車でぶっ飛ばしていたときに、ふっと静寂の瞬間が訪れ、その一瞬の間に、額の内側にその数式が浮かんできたのです。

この数式は、シュレーディンガー方程式を導き出すための数式で、このような高度な数式は、正直言って、僕の頭でいくらコツコツ積み上げても導き出すのは不可能で、明らかに完全調和の側から与えられたものとしか思えません。

おそらく、完全調和の世界と繋がる瞬間があって、その一瞬に「すべてがわかる」のです。

岡潔先生の場合は、まず眠っている間に真理を見てきて、それを起きてから理論づけた。その後、空外上人に出会って念仏行を実践されたことで創発が起きやすくなり、それが偉大な数学的発見に繋がったのでしょう。

こうした偉大な数学者や物理学者たちの創発体験に共通しているのは、通常の意識状態から、いわゆる変性意識状態になっているときに、創発（ひらめき）が起きている点です。

変性意識状態というのは、一九六〇年代に心理学者チャールズ・タート博士が提唱した概念で、通常の意識以外のさまざまな意識状態を指した総称です。瞑想状態、催眠状態（被暗示性が高い状態）、トランス状態（恍惚感）、体外離脱などの神秘体験、あるいは、ゾーン（没入）やフロー体験（一点集中）なども、変性意識状態だと考えられていて、脳波では、α波からθ波、あるいはγ波なども関連しているようです。

ようするに、通常のざわついた意識とは異なる、静寂な意識状態になることが、完全調和の世界と繫がる前提条件のようなもの。そしてそれは、霊的なセンサーが反応しやすい場において、より導かれやすくなります。

つまり、変性意識と霊的な場が霊的覚醒（霊性開花）を促すということです。

僕は以前、エジプトのギザの大ピラミッドを訪ね、王の間に入った瞬間に、「あっ、ここは変性意識状態になって完全調和の世界と繫がる空間、覚醒装置だ！」と直観したことがありました。

いずれにしても、創発による偉大な発明・発見、あるいは、歴史に残るような文化や人に感動を与える芸術なども、変性意識状態で完全調和の世界と響きあってこそもたらされるのであって、それこそが霊性のなせる業なのです。

我を捨て、完全調和に繫がる「中今《なかいま》」

僕のモットーは「人生、中今」です。中今は、神道の奥儀の一つで、「今、この瞬間に生きる」ことの大切さを意味しているそうです。

これは、東京大学名誉教授で医師の矢作直樹先生から教えていただいたのですが、矢作先生が、僕の形而上学的素領域理論を引用して、「宇宙の背後にある高次元の完全調和に繋がることが、神道の中今です」と解説してくださったのです。

これを言い換えると、まさに「我《われ》を捨てて完全調和の間の中に入る」ことであり、それが僕のいう神さまへの全託であり、間との一体化です。

空外上人も大学教授のときに被曝して奇跡的に助かり、その年に出家して、光明主義に傾倒したそうですが、悲惨な被曝体験によって没我の状態になられ、光明の世界に導かれたのではないかと思います。

人は、自分の頭の理解を超えた壮絶な体験をしたとき、自我が大きく揺らいで完全調和の世界のほうに引っ張られる。つまり、バランスを取ろうとする内なる霊性が働いて、論理や思考を超えた情緒の世界へと誘われていくのでしょう。

これは、脳からハートにスイッチが切り替わる瞬間でもあります。

ハートの中の愛、そこに完全調和の霊性が宿っている。それを感じさせてくれるのが多くの人の感動を誘う芸術で、僕は「光の画家」と称される松井守男画伯の作品を見せていただき、ご本人にお会いしてそのことを実感しました。

松井画伯は、「ピカソの再来」「フランスの至宝」と称されるほど世界的に有名な方です。

二〇〇八年には長崎県五島列島の久賀島を訪れ、その自然の光と歴史に心打たれ、以来当地にもアトリエを構え、コルシカと日本の双方で精力的に創作活動を続けられています。

また、東日本大震災後は、日本復興への祈りを込めて「HOPE JAPAN」、世界に誇るべき日本のエスプリを伝えようと「大和魂！」のシリーズを制作し、絵画世界の新たな次元に挑戦していらっしゃいます。

宇宙の愛に満ち満ちた素領域構造をみごとに描いた「ピカソの再来」

僕は光栄にも、松井画伯の作品を拙著『神の物理学』（海鳴社）の表紙と本文中に数点掲載させていただくことができたのですが、そもそものきっかけは、京都の上賀茂神社で行われた展示会で、松井画伯の作品を拝見したからです。

神社の参籠殿のふすま絵とともに、床の間の掛け軸「愛の光珠（ひかり）」などを見て、「まさしく、この絵は素領域そのものを表している」と直感し、この作品を画かれた松井画伯は、空間の成り立ちを素領域という抽象幾何学としても直感されている、そう感じたのです。

また、画伯の現在のアトリエの所在地が、僕を霊的に導いてくださったエスタニスラウ神父がおられた五島列島の久賀島であるとお聞きし、このシンクロニシティにも驚きました。

実際に松井画伯にお目にかかって、やはり、この世界の背後にある真理の姿をありのままに見抜かれている方であり、画伯の作品は頭（脳）ではなく、ハート（情・愛）で画かれたものである、そう納得できました。

松井画伯の作品の中には、原爆が投下された広島と長崎の悲劇と希望を表現した「レクイエム・ヒロシマ」と「ノーモア・ナガサキ」の二点の大作があります。

前者は、二〇〇三年から十四年の歳月をかけて仕上げられた作品で、黒い雨の中に光や希望が描かれ、原爆の悲惨さの朗読活動をしている吉永小百合さんがモデルとして描かれています。後者の作品は、犠牲になった老若男女が光になって昇天し、平和を願う愛の言葉を呟き続ける様子が描かれた作品です。

僕が松井画伯との対談でお聞きしたのは、被曝死した子どもや女性の姿を描こうとしたら筆が進まず、なぜか自然に文章が出てきたそうです。そして、その絵をフランスで展示した際、たくさんの日本語が書かれている中で、誰もが「この字はなんという文字ですか？」と聞いてきた文字があり、その文字は「愛」だったというのです。

よく使われている文字だからという理由だけではなく、それこそが松井画伯の霊性と完全調和が響き合っている証拠で、現に、彼は心眼で見たままの情景、すなわち愛に満ちた素領域構造そのものを描いているのです。

松井画伯との対談の中で、僕が驚いた話があります。

それはエクソシストに関する話題で、僕が以前スイスの神父さんから直接聞いた話では、本物のエクソシストは、映画で描かれているような清貧で真面目な人物では務まらず、でっぷり太っていて、毎晩飲む・打つ・買うの三悪をやっているような人物だということでした。

本物のエクソシストは、ヨーロッパでも数人しかいないそうで、その話を松井画伯にしたところ、何とつい最近、フランスで「そのエクソシストに会ってきました」というではありませんか！

しかも、そのバチカンが公認する太ったエクソシストは、画伯の友達だというのです。

画伯の話によると、今も住んでいるコルシカ島のアトリエに突然そのエクソシストがやってきて、「これから悪魔払いをするから出てください」と言われたのがそもそもの始まりだったとか。

それまで、画伯がアトリエで絵を仕上げていたときに、悪魔が出現していたそうです。その数日後にエクソシストがやってきて、これから数日悪魔払いの儀式をするので、と告げたのです。

こうして無事、除霊の儀式が終わると、悪魔も出てこなくなり、松井画伯はエクソシストに興味を持って、それ以来交流を続けてこられたという次第です。こんなユニークな体験をされている松井画伯も、やはり霊性が開いていらっしゃるからこそでしょう。

完全調和と感応しあう霊性は情緒を感じるハートに宿っている

松井画伯のように、偉大な芸術家や音楽家たちは、霊性を開くことによって完全調和の世界と感応しながら、そこで受け取ったものを三次元や二次元の世界に描写（転写）しているようです。

この完全調和の世界と感応しあっているのが、私たちのハート（心臓）です。ハートは、脳が情報を処理する前にすでに反応していますが、それは素領域の外側と繋がっているから。なので、霊性を開くには、ハートで感じた直感や情緒を大切にすることが大事です。

古来より、人々はハートが情緒のセンサーであることを知っていたからこそ、心と脳（頭）を区別し、混じり気のない「まごころ」を大事にしてきたのでしょう。

ハートのセンサーは無意識レベルの反応なので、普段は意識化（自覚）していませんが、自分がなんとなく惹かれること、フッと浮かんでくること、あるいは、やむにやまれぬ衝動のような形で、自然に発露します。それは間《ま》そのものと相互に作用しあっているからです。

花や植物が、水や養分を求めて大地に深く根を張り、太陽の光を求めて枝葉を空高く伸ばしていくように、自然界の背後にある完全調和の美しいバランス（秩序）を求める衝動が、私たちの中にも確かにあるのです。

前述したように、そのような霊性は、変性意識状態のときに開きやすくなるわけですが、そこで感じたことを逐一脳でジャッジをしないことが大事で、間《ま》の働きを信頼し、間に委ねてみる。その間からの働きかけを感受するのがハートであり、情緒です。

理論物理学者である僕のお役目は「現代の審神者《さにわ》」

スピリチュアルな分野では、霊性を開くには、よくヨガや瞑想が効果的だといわれます。でも僕には、ヨガや瞑想をする習慣はありません。

ヨガや瞑想といえば、こんな想い出があります。かれこれ三十年近く前のことですが、精神世界の老舗出版社が主催で、スタンフォード大学の大脳生理学者のカール・プリブラム博士を招いた講演会があり、オブザーバー役として参加したときの話です。

主催者の社長が、プリブラム教授に「ヨガや瞑想は科学的な見地から見てどのような効果がありますか？」と質問しました。すると、プリブラムの回答に対して、通訳者が「えっ？」という表情をして言葉を詰まらせ、社長もキョトンとした表情をされていたので、仕方なく僕が代わりに少しオブラートに包む形で通訳をしました。

参加者の予想に反して、プリブラム教授はこう答えたのです。

「ヨガや瞑想、断食などをする人が世界中に増えていけば、その分、食糧危機が和らぐでしょう」と。

ようするに、そうしたことは個人レベルの趣味・趣向の問題で、科学者がとやかく言うことではない、あえて言うなら食糧危機が和らぐくらい、という意味です。

僕はその発言を聞いて、「なるほどなぁ」と納得したのですが、霊性を開くのに何か特別なスキルはいらないということです。

例えば、絵を描くのが好きなら、絵画を通じて完全調和の世界と響き合うことができます。

前述した松井画伯は、「フランスの至宝」と称されるほどフランス政府や国民から賞賛されていて、フランス国籍を取るように勧められています。

にも関わらず、画伯は、日本に恩返しがしたいという理由から、未だ日本国籍のまま。それは、日本の子どもたちに絵を教えたいという夢があるからです。

フランスと日本を度々行き来しながら、すでに画伯の出身地である豊橋市の幼稚園では絵を教えていらっしゃるそうですが、さらに全国的に増やしていきたいという熱い思いを持っている。

これは、美をとおした霊性教育といえるでしょう。

このように、たとえヨガや瞑想、断食などをやらなくても、科学や芸術、伝統文化等々、何であっても、自分が好きな道、得意なもので霊性を開くことができるのです。

ちなみに、自然科学の中でも、宇宙の第一原理としての美しさを探究しているのは、理論物理学と数学です。ですから、僕のような理論物理学者がスピリチュアルな分野の事柄について論評したり、解説することで、少しでも一般の人たちの理解が深まればとても嬉しく思います。

とりわけ、スピリチュアルな情報を発信している人たちも、その内容や人柄は玉石混交なので、ちゃんと理論的裏づけがあるか、霊性が開いている人か否か、それを見極める必要があります。

また一方で、スピリチュアルな事象や霊的現象を頭から否定する唯物論的な科学者たちに対して、中には偽物もあるけれど、「本物もある」ことを知らしめる。その意味で僕は、「スピリチュアル保証人」「霊性鑑定士」のようなお役目があるのかなと自負しています。

僕がキリストの活人術や祝之神事を授かることになったのも、特に今はあの世との壁が薄くなっていて、魑魅魍魎も跋扈していることから、現代の審神者《さにわ》が必要で、もしかしたら、間の働きかけによって僕がその任を任された、ということなのかもしれません。

「名前」はあの世の側にも記録される魂のコード

霊性の働きの一つに、祈りの効果があります。

祈りによって、健康増進の効果があることが証明された実験は多数あります。さまざまな実験がある中で、ラリー・ドッシーが医学専門誌に発表した次のような実験があります。

カリフォルニア大学で行われたその実験では、心臓病の患者393人を、192人と201人の二つのグループに分けました。そして、192人のグループにだけ、毎日、他の人々から祈りを送ってもらいました。

すると、祈りを送ってもらったグループでは、192人中9人だけが病状が悪化したのに対して、送ってもらわなかったグループでは48人も悪化したそうです。

他にも、ミズーリ州の病院での実験では、1000人の患者を二つのグループに分けて、一方のグループだけに他の人から祈りを送ってもらったところ、祈ってもらったグループの人たちのほうが、10%も回復が早かったという結果が出たそうです。

なぜこのような差が生まれたのかというと、祈りによって自分（祈る側）の素領域と繋がっている相手の素領域に変化が生じたからです。

ここで重要なのは、祈る側の人たちに知らされていたのは、祈りを捧げる対象となる人の「名前」だけです。

つまり、名前（ナマエ namae）というのは、どこの国の言語でもほぼ世界共通で、実は、個人個人の名前はそれぞれ魂のコードとして素領域の外側に記録されていて、個人の素領域を変えるキーワードになっている。ようするに、こういうことです。

①個々の名前は魂と対応関係があり、それが霊的なコードとしてあの世の側に記録されている。

②そこで、特定の人の名前に対して無私の祈りを捧げることによって、

③その人の魂にアクセスして、素領域が完全調和の秩序状態に戻ろうとする、つまり、ひな型の秩序化が起きて素粒子の組成が変わる、

と考えられます。

このように、名前は、あの世の側に記録される魂のコードなのです。

現に、著名な霊能者や米軍の遠隔透視（リモートビューイング）のプログラムに従事していたジョゼフ・マクモニーグルさんなども、名前だけで相手の情報や情景を正確に読み取りますが、

その場合も日本人であろうが何人であろうが関係なく、ほぼ完璧にリーディングができることから、やはり名前という霊的なコードによって素領域への介入が可能になると考えられます。

祈りの効果を整合性を保って説明できるのは、この仮説（形而上学的素領域理論）しかありません。となれば、霊性を開く上でも名前はとても大事なもので、自分の名前を愛し、相手の名前をも敬う、そのような姿勢も霊性を開く鍵となるでしょう。

「本物」に触れることで霊性が開花しやすくなる

霊性は、頑なな思い込みを外すことでも大きく開きます。

なので、本物と思われる人のパフォーマンスや作品に触れることでも、自分の中の霊性と響きあってそれだけ開きやすくなるのです。

松井画伯の絵などは、まさに霊性を開くアートであり、他にもそのような素晴らしい作品を創造されている方々が、日本には数多くいます。

素領域理論では、自発的対称性の破れが起きると、次にそれを補うように新たな調和・秩序を生み出す働きが起こると述べましたが、この調和や秩序を生み出すのが霊性ともいえるわけで、霊性を開くものはすべからく普遍的な美しさを醸し出している——それゆえに、人々に感動や希望、至福感を与えるのです。

ですから、自然科学でも、芸術でも、スポーツでも、伝統文化でも、あるいはアニメや漫画でも、何であっても霊性を開くチャンスはあり、そこに共通しているのは理屈や論理を超えて自分のハートに響くものです。

調和や秩序を生み出す見えないエネルギーが、自分を美しい完全調和の世界へと導いてくれている——だからこそ、霊性を開くには、まず第一に間《ま》に対する信頼が大事です。

それを踏まえた上で、霊性が開きやすい「場」というものもあります。

それは、喫茶店のような特定の人たちが集まって楽しむ空間（サロン）です。

そこで、特に不思議な現象が起きなくても、間を味わえるような雰囲気があれば、フッと大切な何かがひらめいたり、間の働きをキャッチしやすくなるのです。

脳の働きでいうと、デジタル的な左脳の働きが抑えられ、アナログ的な右脳が主導になるような場です。

昔の京大の数学者の先生方は、よく近くの喫茶店でたあいもない雑談をしながらコーヒーを飲んでいましたが、そのようなゆったりとした空間に身を置いてお互いに情緒を培うことが、間と響きあうことになり、霊性が開きやすくなるのです。

これを形而上学的素領域理論で説明すると、喫茶店というのは、会社や職場というこの世の秩序からは外れた空間、いわば自発的対称性が破れた場なので、だからこそ、その場に新たな調和を創ろうとする働きが生まれる、ということです。

そして、これが昔からいわれてきた「ムダの効用」の意味です。

なので、職場の延長のような近代的なカフェよりも、昭和レトロな喫茶店のほうが霊性が活性化しやすいので、たまにはそんな場所でムダを楽しむ余裕を持ちたいものです。

霊性を発揮して人助けをしている「麻布の茶坊主」さん

もう一人、霊性を活用して人助けをしている男性を紹介したいと思います。

これまでも僕の本や講演会などで何度か紹介しているので、ご存知の方も多いかと思いますが、その男性は「麻布の茶坊主」ことナカムラ・F・ヒロシさんです（茶坊主というのはナカムラさんの前世です）。

ナカムラさん（仮名）は、おばあさまが霊能力者で、彼自身も小さい頃から不思議な能力があって別次元の存在とおもちゃの電話で話していたそうです。

高校時代は、オーラが見えるなど同じ能力のある友人に囲まれていて、大人になってからは、ワインと料理の経験を積み、ソムリエの資格を取ったり、飲食店の経営やコンサルタント、コーチングなどにも関わるとともに、不動産業界でも才覚を発揮して、現在も世界的なビジネス展開をされています。

ナカムラさんの場合は、ものすごい数の本を読んで、見えない世界についての研鑽を積み、三万冊を読破したときから、見えない次元のお仕事に転向することになったそうです。

それは、「福茶」という屋号の喫茶店時代で、最初は本を買って読んでいたものの、お金が続かないので国立国会図書館で片っ端から本を読むようになって、それが三万冊を超えた頃、なぜか急にお客さんの悩みがわかるようになり、ちょっとアドバイスしたことが思わぬ人助けとなって……。やがて、口コミで相談者が増えてきたことから、喫茶店をたたんで今のネットでの受付（コンサルタント）の形になったそうです。

とはいえ、現在でも本業はあくまでも「不動産コンサルタント」ですが……。

二〇一八年の五月には、僕の講演会にゲストとして登場してもらいました。男女一名ずつが聴きたいことを話して、霊的次元からの答をナカムラさんがチャネリングしたり、彼自身の能力でオーラを見てもらったり、霊的な次元にも階層があることや守護霊の働きについて語ってもらったりと、とても楽しい霊界問答でした。

ナカムラさんによると、守護霊やオーラの働きはこのようになっているそうです。

守護霊

・一生のうちに、四万から五万人以上の守護霊にお世話になる。
・守護霊の上に守護霊がいて、その上にも守護霊がいて、どれだけ上に守護霊がついているかわからない。
・守護霊の内訳として、半分は、前世、前前世……などの家族や、血がつながってなくても家族同然だった人たちがついている。半分は、職業的守護霊、残りは、プロデューサー、ディレクター、コーディネーター、タイムキーパー、ショートカッター、クリーナー等といえるような役割の守護霊。

オーラについて

・昔からいわれているように、身体の周りには、思念、想念、感情体などのオーラがある。
・オーラが明るい人は明るい。今の状態のオーラを変えると考え方や感情も変わる。グループオーラ、カンパニーオーラ、エリアオーラ、カントリーオーラ等もある。
・ご相談のとき、名前を書いてもらうが、画数ではなく文字に残った名前のオーラを見ている。
・なので、例えば、博物館にある豊臣秀吉から明智光秀への書簡などで、どういう状態だったかがわかる。
・何かに迷ったときの指針は、オーラが暗くなる選択はしないこと（オーラが暗くなると、類は友を呼ぶので）。
・オーラを回復する方法は、①十時間くらいよく寝ること。②美味しいものを食べること（これは身体と心の調子がよいときに選択すること）。
・睡眠が足りないと、スマホの充電と同じく70％～80％が日中に使用されている。なので、夕方頃、エネルギーが切れてしまう。
・睡眠中は自己ヒーリングをしたり、守護霊と未来の打ち合わせ等をしている。なので、十時間が目安。昔は野菜に力があったので、睡眠八時間＋食べ物のパワーで充電できていたが、今の野菜は力不足なものが多く、睡眠で充電するほうが効率がよい。

霊の払い方　＊但し日本人の霊以外には効きにくい
・「ゆうやけこやけ」「ふるさと」「愛さんさん」「コスモス」などを歌う。
・柏手を打つ。（パン、パンと拍手を二回）。

・YouTubeなどで、十五分くらい面白い動画を見る。

オーラの状態を的確に見て、天使の守護まで言い当てる

僕がナカムラさんの能力が本物だと確信したのは、自分のことを見てもらったときです。特に悩みがなかったので、お任せしたら、彼にこう言われました。

「あれっ⁉ 普通、身体にメスを入れたらオーラがズレるのに、あなたの場合はズレていませんね」と。もちろん、僕が大腸がんの手術をしたことは一切話していませんでした。

「確かに、大腸の手術をしたんです」と僕。

「手術をした箇所のオーラがみごとにつながっているということは、手術をした人たちの中に、天使がいたんですね」と彼。

実際に、僕が大腸がんの手術をしたとき、奇跡的なことが起きて九死に一生を得、それは天使のご加護としか思えなかったので、「あぁ、この人本物だ!」と思った次第です。

それと、僕は昔から十時間寝ないとダメな体質で、その理由を聞いたら彼はこう答えてくれました。

「幼い時から母親がいなくて、話を聞いてくれる大人もいなくて、子どもながらにストレスが貯まったときに寝ることで解決していた。寝た後だと力が湧いて嫌なことでも耐えられた」と。だから、僕は十時間寝ないとダメで、周囲から「十時間も寝て怠け者だ」と思われていたけれど、やっと謎がわかり、それ以来、誰にも気兼ねなく寝られるようになった次第です。

実はそれ以前に、ナカムラさんを紹介してくれた僕の元同僚の女性から、彼の能力が本物であることはお聞きしていました。彼女が相談したのはこんな内容でした。

・当時、神戸の自宅から職場（大学の研究室）のある岡山まで毎日、新幹線で通っていた。
・そんな中、東京の芸術大学から転職のオファーがあり、そちらのほうがやりがいもあり、格上だったので翌年の春から東京への転職を考えていた。
・今の職場には二週間前に退職願を出せばいいので、その東京の大学に面接に行き、最後の学長面接までパスした。いよいよ、来春の四月一日から転職の予定。
・しかし、夫には別居しなくてはいけなくなるので、東京に行くことを切り出せずにいた。そのうちに年が明け、三月に入り一週間が経った頃、迷いに迷って友達に相談したら、「すごい予言者がいる」とナカムラさんを紹介された。

というわけで、彼女はさっそくナカムラさんに相談に行き、「後、三週間しかないんですが、どうしたらいいんでしょう？」と尋ねたところ、ナカムラさんは笑いながらこう言ったそうです。「大丈夫ですよ。この話、潰れますから」と。

それを聞いた彼女は、後三週間後には就職が決まっているのに、それは絶対にあり得ない。「これは当たらない」と意気消沈して、安い料金を払ってそそくさとナカムラさん宅を後にしたそうです。

ところが、その翌日、大学側から電話が入って、「新年度から受け持っていただく予定の四教科のうち一つだけ変更してもらえませんか？」との打診があり、理由を聞いたら、「キリスト教音楽を担当する予定だった方ができなくなったので、その科目をお願いしたい」とのこと。

しかし、彼女が専門に学んできたのは声楽やピアノだったので、「私はキリスト教音楽の専門家ではありません。私のようなキリスト教音楽の素人が大学で教えることはできないので、元の四教科のままでお願いします」と返答。

すると、先方は何と、「そういうことでしたら、今回の話はなかったことに……」と言ってきて、結局、破談に……。ナカムラさんの予言がみごと的中したのです。

離婚相談にも霊的な三角関係を見て予言し、みごとに的中!!

さらに、ナカムラさんの霊的能力のすごさを物語るエピソードがあります。

僕の知人で結婚をされている女性が、夫以外に好きな男性ができたものの、夫も良い人なのでなかなか離婚を切り出せず、そのことでナカムラさんに相談に行ったそうです。

すると、ナカムラさんは「では守護霊さんに聞いてみますね」と言って、彼女にこう告げたのです。

「今日、帰りに区役所に寄って離婚届をもらってきて、ご主人が帰宅したら、すぐに切り出してください。必ず理解してくれますから。今日でないとダメです」と。

「でも……」と躊躇する彼女に対して、ナカムラさんは念を押します。

「大丈夫！　ご主人は喜んで離婚に応じてくれます。しかも、ご主人とその新しい彼は親友になります」ときっぱり。そしてこう続けます。

「半年後、彼と結婚してから、外に食事に行くでしょうが、ほとんど毎回、元のご主人と三人で行って皆で楽しく食事をすることになりますよ。時々、あなたが仕事でいないときは、彼と元のご主人の二人で食事をするでしょう。そして、離婚してから、あなたは元のご主人とそれまで以上に深い話ができる親友になります」と。

彼女は半信半疑のまま、離婚届を手にして、ご主人に恐る恐る離婚話を切り出したところ、思いがけず、「それはよかった。君の本当の理想の人と出会ったんだね。僕は祝福するから」と言って、すぐに離婚が成立。しかも、「その彼に会ってみたい」とのことから彼と引き合わせたら、二人は意気投合して……。

その後、彼女は新しい彼と結婚して、ナカムラさんの予言どおり、元夫と三人で一緒に食事や映画に行くようになり、元夫は夫婦の頃よりも楽しそうにしているといいます。

この話からも、ナカムラさんが自らの霊性を活かして霊界からのメッセージをいかに的確に受け取っているかが伺えます。

それだけでなく、彼は、湯川秀樹先生が僕にメッセージを伝えたがっているからといって、亡き恩師からの伝言を伝えてくれるという思いがけないギフトまで与えてくれたのですが、これについてはまた別の機会があれば、ぜひ皆さんにもお伝えできればと思います。


まず「自分の本質は魂である」という自覚を持つことから

この最終章の締めくくりとして、霊性を開く方法についてまとめておきましょう。

まず、一番大事なことは「自分の本質は魂である」という自覚を持つことです。

あなたの魂も完全調和の世界から分かれたもので、一人ひとり魂の個性のようなものがあって、それが「天賦の才」と呼ばれるものです。

本来、子育てや教育は、この天賦の才を引き出すことです。

このことは、地球に限らず、宇宙人たちにとっても同じで、それを証言してくれた高知県の高校の先生がいます。

その高校の先生との出会いについては、別の本でも紹介しているのでここでは割愛しますが、彼の証言によると、僕は彼と一緒にＵＦＯに乗ってある星に行き来しているようで、その星では今の地球で行われている教育とはまったく異なる教育がなされているのです。

彼が見てきたところによると、それは天賦の才を伸ばすことだけをする教育だったそうです。

では、具体的にどんなことをやっているかというと、おそらく、彼ら宇宙人は、地球で行われている教育法とはまったく違うやり方で子どもたちに接しているに違いありません。

特に、日本のように、ただやみくもに知識だけを次から次に一律に詰め込むような押しつけ型の教育ではなくて、的確に間を読みながら、各々の子どもたちが得意とする才能を開くタイミングや適切な方法を駆使したオーダーメイドの教育を施しているのではないかと思います。

ちなみに、シュタイナー教育では、七～十四歳までは音楽や美術などの芸術活動をとおして感情を育み（九歳前後の自立心が芽生える時期は、自立を促す農業体験など）、十四～二十一歳までは思考（抽象的・論理的思考）を養うなど、各年齢期に合わせた教育法になっていますが、それに近いかもしれません。

いずれにしても、大事なのは、その人にとっての得意なこと、大好きなこと、夢中になれること、そのような特徴、取り柄、美点を見出して、それを大事に伸ばしていくことです。

実は、この天賦の才こそが、自発的対称性の破れによって生じる新たな調和を創り出そうとする一人ひとり異なる魂の資質なのです。

僕は一生をかけて「神」を見つけたのかもしれない！

自発的対称性の破れによって生じる新たな調和を創り出そうとする働き――これを別の言葉で「内在（内蔵）秩序」と呼んだ物理学者がいます。

彼の名は、デヴィッド・ボームといいます。ボームは理論物理学者で、一九四三年にカリフォルニア大学バークレー校で博士号を取得し、プリンストン大学助教授となったものの、一九五一年にアメリカの「赤狩り」（合衆国議会非米活動委員会）によってその職を追放され、以後ブラジルのサンパウロ大学を始めとして、何度か大学を変わり、一九六一年以降はロンドン大学教授を務めています。

彼がロンドン大学の教授の頃、僕も彼と同じ研究分野だったので、直接面識はなかったものの、エアメールなどで交流は持っていました。

そんな彼が、物理の専門書ではなく、一般向けの『全体性と内蔵秩序』（青土社）という本を出版したとき、僕はスイスにいて、その頃はまだスピリチュアルなことは守備範囲外だったので、その本を読んでもあまりピンときませんでした。

ボームが提示したのは、今ではよく知られている「ホログラム」という概念ですが、わかりやすくいうと、「どの一部分をとっても全体が含まれている」、あるいは、「全体が畳み込まれている秘められた秩序のこと」で、これを霊性と言い換えても差し支えないでしょう。

しかし、彼のホログラムや内在秩序という哲学的観点は、物理学者にとっては量子論の量子ポテンシャルのことだろうとの認識しかされず、僕を含めてそれ以上の理解はされませんでした。

ところが、最近になって、ボームの内在秩序というのは、素領域理論における素領域構造を意味していたんだということに気づいたのです。しかも、昔の資料を当たっていたら、偶然、ボームの論文が出てきて、何とその論文のテーマが素領域理論だったのです！

当時、素領域理論についての論文は湯川秀樹先生の論文しかなかったのが、ボームが一九六五年に日本物理学会の招きで来日講演をしたときに、ボームの講演内容を日本語に訳した論文が別刷りで配られていたのです。

このとき、湯川先生が動かれて、湯川先生のお弟子さんがボームが書いた英文を日本語訳したものであることがわかり、それをよく読んでみたら、どうやらボーム自身が素領域理論のアイデアを最初に持っていたようなのです。

もちろん、素領域理論という言葉は使っていないものの、「時間の量子化」という概念について述べていて、これを空間に置き換えれば素領域理論になるわけなので、少なくとも湯川先生の素領域理論の起爆剤になったであろうことは確かです。

そう気づいてから、なるほどボームは、ホログラムという観点から宇宙の背後にあるすべてを包み込んでいる完全調和の世界を見ていたんだと、改めて納得した次第です。

実は、このボームの内在秩序について何十年かぶりに偶然目にしたのは、ジュリアンさんというフランスの青年が書いた『ワンネスの扉』（ナチュラルスピリット）という本のあとがきを読んだときでした。

ジュリアンさんは、フランス・ブルゴーニュの葡萄畑に囲まれた村で育ち、十六歳のある夏の夜、ＵＦＯを目撃。それからというもの、夜ごとに謎の宇宙人が訪れて目に見えない交流が始まり、数年後パリで新生活をスタートした彼は、突然自分がなくなり、宇宙のすべてと一体になってしまうワンネス体験をしたそうです。

そんなジュリアンさんの愛読書が、内在秩序について書かれボームの本だったとあとがきに書かれていて、なぜかそこだけが僕の目に飛び込んできたのです。

そこで僕は、改めて自分の人生をふり返り、こう思いました。

そうか、**僕は、一生をかけて「神」を見つけたのかもしれない**、と！

ようするに、ボームが追い求めた内在秩序は神の働きそのもので、僕が追い求めてきた量子ポテンシャルにしても、素領域にしても、それ自体が「神さま」であり、これは宗教的な文脈ではなくて、あくまで物理法則としての神であり、霊性だということです。

神の正体、ここにあり!!

僕が見つけた「神さまの正体」

最後を締めくくるにあたって、これまで述べてきたことの要点（神さまの正体!?）を以下にまとめておきます。

願わくば、読者の皆さまの霊性がいち早く開花されますように！

■形而上学的素領域理論とは？

◎素領域理論とは、宇宙や自然の営みの背後にある潜象物理学であり、物質の最小単位である素粒子が生まれるメカニズムを明示した第一原理である。

◎素領域理論によると、完全調和の世界の自発的対象性の破れによって、さまざまな次元・空間が生まれた。

◎完全調和の世界とは、あらゆる次元の「素領域」を生み出した根源であり、その意味で、物理法則としての「神」（神さまの世界）ともいえる。

◎素領域とは、素粒子を生成する空間の最小単位であり、物質や生命のひな型となるもの。

◎完全調和の世界とは、素領域の外側、つまり、すべての素領域を包み込んでいる「間《ま》」のこと。

◎間は、「あの世」や「神」といった形而上の存在であり、岡潔のいう「真情」「第十識」以上の領域にあたる。

◎間には、完全調和の愛と調和、秩序をもたらす働きがある（バランス・中庸化）。

◎日本文化は間《ま》を重んじる文化であり、日本人にとっての間とは、真であり、誠。ゆえに、日本人は混じり気のない間の心＝「まごころ」（真心）を大事にする。

◎古神道では、間の働きを体現する人を「みこと」（○○命・神様）、または「真人」（しんじん／まひと）と呼ぶ。

◎古神道においては、すべての人（日本人）は「まことの心を持つみこと」である。

◎間合い＝真愛（神の働き）を感受するセンサーが、霊性（神性・仏性）といえる。

◎霊性とは、完全調和に向かう衝動であり、霊性開花とは、間を信頼し、間に委ねること、すなわち神への全託であり、間との一体化。

◎山崎弁栄や山本空外の光明主義においては、如来光明（大ミオヤ）への全託で、これを光明に対する帰依としての念仏行とした。

◎歴史的な発明発見・芸術・技術などは、間との響きあい〈霊的直感・創発・ひらめき〉によって生まれる。

◎物理法則としての神とは、完全調和の作用そのものであり、その働き、すなわち愛や調和、秩序と響きあうのが霊性。

◎霊性の開き具合（間との共鳴度）によってひな型である素領域が変化する。

◎ひな型（アストラル体やオーラ）が変わると、素粒子の構成が変わって信じられないような奇跡（超物理学的現象）が起きる。
◎宗教の発生時には、必ず間の働きかけによる奇跡が起きていて、それにより人々の霊性が触発される。
◎間に委ねることによって、素領域が完全調和の方向に最適化され、その結果、自分も周囲の人たちも幸せになる。

■内なる霊性を開花させるために……

◎自分の本質は「魂」であることを自覚する。
◎日本人特有の「情緒」を大切にする。
◎「英雄」の生き様に学ぶ。
◎歴史上の偉大な発見をした科学者や芸術家、音楽家などの作品に触れる。
◎変性意識状態で他人のために祈る。
◎無邪気な幼い子どものように、自分が無我夢中になれることや得意なことに取り組み、他人と比較したり、余計なことに頭を使わない。
◎何となくという感覚、フッと沸き起こる感覚を大事にする。
◎昭和の喫茶店のような雰囲気のある場でムダを楽しむ。

◎イメージやアート、アナログ的な音楽や舞いなどで右脳を活性化させる。
◎すべてを包み込んでいる神さまにすべて委ねる。

おわりに

本文中でご紹介した「麻布の茶坊主」さんが、本書の発刊に向けて、あの世にいらっしゃる湯川秀樹先生からの伝言として、「小さきものの中にも、大きなものの中にもすべてに等しくあるものが神の摂理であって、それこそが果てしなく続いていく霊性である」とのお言葉をいただきました。

ようするに、優しさも思いやりも親切丁寧な心も、同じような透明感の高い愛のオーラが発生し、それが誰に対しても与えられ、果てしなく続いていくことが霊性の開花である、という意味だそうです。

霊性とは愛のオーラ――これは、まさに山崎弁栄、山本空外、岡潔、湯川秀樹、そしてアインシュタインにまで通底していた真心なのでしょう。

最後に、アインシュタイン博士が愛娘に宛てた手紙を紹介して、あとがきに代えたいと思います。

アインシュタイン博士が愛娘に当てた手紙

一九八〇年代の末、アインシュタイン博士の娘リーゼルは、父から彼女に宛てられた１４００通の手紙を、父親の死後二十年間は内容を公開しないという指示を添えて、ヘブライ大学に寄付しました。以下は、その娘リーゼル・アインシュタイン宛ての手紙の一部を僕自身が日本語に訳したものです。

＊　＊　＊

私が相対性理論を提唱したとき、ほとんど誰も私を理解してくれなかった。そして今これから私が明らかにし人類に伝えることもまた、世界中に誤解と偏見をまねいてしまうことになるだろう。

以下に説明することを世の中が受け入れられるほどに進歩するまで、何年でも何十年でもこの手紙を秘匿してくれるようお前に頼みたい。

科学が未だ公式には説明することができていない極めて強力な力が存在している。それは他のすべての力を内包し統治する力であり、この宇宙の中で生じているいかなる現象の背後にも存在し、なおかつ我々がまだそれを特定できていないものだ。

この普遍的な力とは、愛のことだ。

科学者たちがこの宇宙についての統一理論を捜し求めていたとき、彼らはこの最も強力な見えない力のことを忘れてしまっていた。

愛は、それを与える者と受け取る者とを教え導いてくれる光である。

愛は、ある人々が他の人々に引き付けられていると感じさせるゆえに、引力となる。

愛は、我々の持てる最大のものを増幅させ、また盲目的な利己主義の中に人間性が埋没してしまうのを許さないゆえに、強さである。愛は開花し、本性を示す。

我々は、愛に生き、そして愛に死す。

愛は神であり、また神は愛である。

この力はすべてを説明し、そして生きることに意味を与えてくれる。これこそが我々があまりにも長い間無視し続けてきた物理量なのだが、おそらく愛がこの宇宙の中で未だに人類が意図的に用いる術を学び取っていない唯一のエネルギーであるために恐れられていることが理由かもしれない。

愛を目に見えるようにするために、私の最も有名な方程式において簡単な代入を行ってみた。

$E=mc^2$ の代わりに、この世界を癒すためのエネルギーが愛に光の速さの二乗を掛け合わせることで得られるということを受け入れるならば、その大きさには限界がないために愛は最も強力な力となるという結論に到着する。

我々に刃向かうことになる宇宙の中の他の力を制御しながら使う場面において人間性が破綻してからというもの、我々がもっと違うエネルギーを用いるようにすることが急務となった。

もし我々が生き残ることを望むならば、もし我々が人生に意味を見出すことができるのであれば、もし我々が世界とそこに住まうすべての知的生命体を救いたいのであれば、愛が唯一たったひとつの答となる。

この惑星を荒廃させている憎しみ、利己心それに強欲といったものを完全に破壊するほどに強力な装置である、愛の爆弾を作り上げる準備は、おそらく我々にはまだできていないだろう。

しかしながら、すべての個人はその内面に小さいが強力な愛の発生装置を持っていて、そのエネルギーはいつでも放たれるのを待っている。

我々がこの普遍的なエネルギーを与えたり受け取ったりすることを学ぶとき、親愛なるリーゼルよ、我々は愛が生命の神髄であるがゆえにすべてに打ち勝ち、あらゆるものを超越することを認めることになるだろう。

生涯にわたってお前のために鼓動していた私の心の中にあるものを伝えることができなかったことを私は深く悔やんでいる。ひょっとすると、謝るのが遅すぎたのかもしれないが、時間は相対的なものなのだから、お前を愛しているということをここで伝えておきたいし、究極の答にたどり着いたことをお前に感謝しておきたい。

お前の父　アルバート・アインシュタイン

（校正時追記）理論物理学者が召し出された理由

本書の第三校も終わり、後は出版社から最終原稿を印刷所に送るのみとなった令和二年正月四日のこと、前著『神代到来――誰もが手にする神通力と合気』（海鳴社）でカミングアウトしたスペイン人の隠遁修道士の霊を降ろして「光の十字架を建てなさい」という僕への指示を伝えてくれた霊能力のある著名な女性と、そのときと同じ都内の外資系ホテルのロビーで久し振りに再開しました。『神代到来』の中で紹介した安倍晴明の霊によって生かされている高校生も呼んでほしいということで、その少年も同席しての新春三者会談となったのですが、途中から隠遁修道士の霊とイエス・キリストの霊さらには安倍晴明の霊からの言葉までもが交差し、始まったばかりの令和二年の行く末を案じるだけでなく、隠遁修道士の霊からは次のように檄を飛ばされてしまいました。

「これまでお前自身の周囲に起き続けてきた普通では考えられない不可思議な奇跡の系譜のすべては、見えない世界からの私とイエス・キリストの計らいであった。そのすべてを疑うことなく本心で受け止め、真剣にその務めを果たしたことでお前の準備は整っている。いよいよこれまでの集大成ともいえる一年を迎えることになるので、心して臨むように。相手は黙示録にも預言されている反キリスト者であるが、お前にはそれに打ち勝つだけの愛と調和の力が備わっている。悪魔や魔物とすら調和して愛の奇跡を呼び込んでいきなさい！」

これを聞いた僕の心の奥に「いったいどうして僕のような理論物理学者がそんな役目を負わされてしまうのか、宗教家や哲学者を選んではくれなかったのか⁉」という疑問が生じた瞬間、今度は安倍晴明の霊を宿している少年の口から、これまた目が覚めるかのように見事な指導の言葉が発せられました。

「宇宙創生の神である天之御中主神《あめのみなかぬしのかみ》が導いているのは『今』。古事記には最初の部分にしか出てはこないが、実はずっと在り続けている。宇宙の背後で物理法則を司る神として存在し続けている。その存在を直接に認識することはできないが、例えばリンゴが枝から地面に落ちるのを見て万有引力という物理法則が発見されたように、物質の動きを見ることによって間接的に認識することはできる。であるから、天之御中主神の存在を正しく捉えることができるのは物理学者、特にアイザック・ニュートンやアルバート・アインシュタインの如き理論物理学者を置いて他にはいない！」

そう、この一言で僕はすべてを理解することができたのです。いったいどうして理論物理学者の僕が召し出されてしまったのか、を。

（令和二年一月十四日）

著　者：保江　邦夫（やすえ　くにお）

岡山県生まれ
東北大学で天文学を，京都大学と名古屋大学で理論物理学を学ぶ
スイス・ジュネーブ大学理論物理学科，東芝総合研究所を経てノートルダム清心女子大学大学院人間複合科学専攻教授となり，現在は名誉教授
大東流合気武術佐川幸義宗範門人
著書は『数理物理学方法序説（全８巻＋別巻）』（日本評論社），『武道の達人』『神の物理学』『量子力学と最適制御理論』（以上，海鳴社），『魂のかけら』（佐川邦夫＝ペンネーム，春風社）など多数
カトリック隠遁者エスタニスラウ師から受け継いだキリストの活人術を冠光寺眞法と名づけ，それに基づく柔術護身技法を東京で指南している

僕は一生をかけて「神」を見つけたのかもしれない
　2020 年 3 月 5 日　第 1 刷発行
　2021 年 10 月 20 日　第 3 刷発行

発行所　㈱海鳴社　http://www.kaimeisha.com/
〒 101-0065　東京都千代田区西神田２－４－６
E メール：info@kaimeisha.com
Tel.：03-3262-1967　Fax：03-3234-3643

発 行 人：辻　信 行
組　　版：海　鳴　社
印刷・製本：モリモト印刷

JPCA
本書は日本出版著作権協会 (JPCA) が委託管理する著作物です．本書の無断複写などは著作権法上での例外を除き禁じられています．複写（コピー）・複製，その他著作物の利用については事前に日本出版著作権協会（電話 03-3812-9424，e-mail:info@e-jpca.com）の許諾を得てください．

出版社コード：1097
© 2020 in Japan by Kaimeisha
ISBN 978-4-87525-347-1
落丁・乱丁本はお買い上げの書店でお取り換えください

保江邦夫の本

合気開眼　ある隠遁者の教え

キリストの活人術を今に伝える。合気＝愛魂であり、その奥義に物心両面から迫る。46 判 232 頁、1800 円

唯心論武道の誕生　野山道場異聞

人間の持つ神秘の数々と、稽古で学ぶことができた武道の秘奥。DVD ダイジェスト版付　A5 判 288 頁、2800 円

路傍の奇跡　何かの間違いで歩んだ物理と合気の人生

有名なヤスエ方程式の発見譚。シュレーディンガー方程式を包摂するこの世界の一般解。46 判 268 頁、2000 円

脳と刀　精神物理学から見た剣術極意と合気

秘伝書解読から出発し、脳の最新断層撮影実験を繰り返し、物理学と武道の地平を開く！　46 判 266 頁、2000 円

合気眞髄　愛魂、舞祈、神人合一という秘法

神が降りたのだろうか ?!　武の真髄をだれでもが修得可能な技法として公開。46 判 288 頁、2000 円

合気の秘訣　物理学者による目から鱗の技法解明

湯川博士のいう素領域を意志とか魂といった形而上学的入れ物として理解すれば、合気の奥義が把握できるのではないか！
A5 判箱入 200 頁、3600 円

合気・悟り・癒しへの近道　マッハゴーグルが世界を変える

だれでもが短時間で、合気の達人になれる……そんな技法の発見譚とその応用。46 判 160 頁、1500 円

神代到来　誰もが手にする神通力と合気

あなたは、この本を信じますか？　それともトンデモナイ！ですか？　著者の驚くべき超常体験。46 判 280 頁、1800 円

神の物理学　甦る素領域理論

松井守男・画／質点など領域のない点中心に展開してきたこれまでの物理学に、湯川秀樹の素領域という概念を持ち込み、物理学を根底から組み替える！　46 判 192 頁、2000 円

（本体価格）